"四新"背景下地方高校本科
高质量发展路径解析

郭 晶◎著

中国纺织出版社有限公司

内 容 提 要

本书从地方高校高质量发展的角度入手，探索"四新"背景下地方高校本科教育教学改革应遵循的路径，从顶层设计、专业建设、课程建设、教材体系建设、师资队伍建设、教学管理现代化建设、教学质量保障体系建设等方面对高校本科教育教学如何实现高质量发展进行了介绍，对高校教育教学改革、推动学科专业交叉融合、促进本科教育教学内涵式高质量发展等内容进行了探索。

本书可供地方高校教育教学管理人员、相关政府部门和理论研究人员参考。

图书在版编目（CIP）数据

"四新"背景下地方高校本科高质量发展路径解析／郭晶著. -- 北京：中国纺织出版社有限公司，2024.5
ISBN 978-7-5229-1533-3

Ⅰ.①四… Ⅱ.①郭… Ⅲ.①地方高校—教学质量—研究—中国 Ⅳ.①G649.21

中国国家版本馆 CIP 数据核字（2024）第 060876 号

责任编辑：朱利锋 责任校对：寇晨晨 责任印制：王艳丽

中国纺织出版社有限公司出版发行
地址：北京市朝阳区百子湾东里 A407 号楼 邮政编码：100124
销售电话：010—67004422 传真：010—87155801
http://www.c-textilep.com
中国纺织出版社天猫旗舰店
官方微博 http://weibo.com/2119887771
天津千鹤文化传播有限公司印刷 各地新华书店经销
2024 年 5 月第 1 版第 1 次印刷
开本：710×1000 1/16 印张：8.25
字数：118 千字 定价：72.00 元

前　言

我国已经转向高质量发展阶段，贯彻新发展理念、构建新发展格局、推动经济社会高质量发展是"十四五"时期的工作重点。扎根中国大地办大学，落实立德树人的根本任务，在民族复兴、国家强盛、地区繁荣中建功立业，正在成为新时代高等学校的责任与使命。新工科、新医科、新农科、新文科（以下简称"四新"）建设是高等教育应对科技革命和国际竞争挑战的战略性选择。习近平总书记在清华大学考察时强调，要用好学科交叉融合的"催化剂"，加强基础学科培养能力，打破学科专业壁垒，对现有学科专业体系进行调整升级，瞄准科技前沿和关键领域，推进"四新"建设，加快培养紧缺人才。党的二十大报告进一步提出，加强基础学科、新兴学科、交叉学科建设，加快建设中国特色、世界一流的大学和优势学科。

高校作为人才培养的摇篮，必须主动适应党和国家战略要求、时代特征变化，加快推进"四新"建设，更好地担负起服务中华民族伟大复兴的时代使命。尤其是地方高校，作为我国高等教育的主体，其数量和学生人数在我国高等教育体系中占比均超过 90%，是教育、科技、人才的重要汇聚点。地方高校是我国高等教育体系的重要组成部分，承载着为区域经济社会发展提供强有力的教育、科技、人才支撑的重任。推进中国式高等教育现代化是地方高校责无旁贷的使命担当。

地方高校如何在"四新"背景下找到适合自己的高质量发展之路，是很多专家、学者都在探讨的问题。地方高校本科高质量发展路径的构建也是一个复杂的体系，需要方方面面的开拓与创新，从思想政治教育的更新、新培养模式下的专业建设、多学科融通复合型课程的打造、适应学科交叉融合新型教材的建设，到一专多能师资队伍的引育、高水平教学管理体系的构建及灵活且高效的质量监控体系的搭建，无一不密切影响着高校本科教育教学水平的革新。

    本书力求在教育实践总结的基础上，结合国家需求、社会进步、经济发展对复合型人才的需求，聚焦"四新"建设，针对高校高质量内涵式发展改革模式这一课题进行详细探讨，以期为地方高校人才培养转型升级提供参考。

    囿于本人能力，疏漏和不妥之处在所难免，敬请读者批评指正。

郭晶

2024 年 2 月 18 日

目　录

第一章

"四新"背景下地方高校本科高质量发展概论

2019 年，我国高等教育从毛入学率来看实现了普及化，标志着我国高等教育发展进入了新的阶段。党的十八大确立了高等教育内涵式发展的方针，开启了高等教育从外延式发展向内涵式发展转变的伟大征程。党的十九大提出："加快一流大学和一流学科建设，实现高等教育内涵式发展。"强调要坚定不移地贯彻新发展理念，端正发展观念，转变发展方式，不断提升发展质量和效益。党的二十大报告提出，加强基础学科、新兴学科、交叉学科建设，加快建设中国特色、世界一流的大学和优势学科。可以看出，中国教育已经由高速发展转向高质量发展，高质量内涵式发展已经成为现代高校生存和发展的命脉。

2021 年 4 月，习近平总书记在清华大学考察时强调"推进新工科、新医科、新农科、新文科建设"，这一重要讲话精神将推进"四新"建设放在构建一流大学体系、用好学科交叉融合的"催化剂"、对现有学科专业体系调整升级、瞄准科技前沿和关键领域、加快培养紧缺人才的语境下，表明"四新"建设与学科专业优化、创新能力提高、产学研用融合、时代新人培养有着紧密的联系。之后，"四新"建设开始以前期模式探索为基础走向范式变革，成为引领中国高等教育改革创新的标志性举措。

首先提出的是新工科，标志性事件是"复旦共识"。2017 年 2 月，教育部在复旦大学组织召开高等工程教育发展战略研讨会，与会高校探讨了新工科的内涵特征、建设路径，达成十点共识，后来又有了"天大行动"和"北京指南",引领新工科建设在全国范围内广泛开展实践。2018年后,新医科、新农科、新文科相继推出,新医科有医学教育"大国计、大民生、大学科、大专业"新定位,新农科有"安吉共识""北大仓行动""北京指南"三部曲,新文科有推进工作会发布的《新文科建设宣言》等。

2019年4月,教育部在天津大学召开"六卓越一拔尖"计划2.0启动大会,正式全面启动新工科、新医科、新农科、新文科建设。同年,教育部发布《关于深化本科教育教学改革全面提高人才培养质量的意见》,要求"以新工科、新医科、新农科、新文科建设引领带动高校专业结构调整优化和内涵提升"。"四新"建设的核心是由学科融合带动现代科技与生产实践紧密结合,对科技本身而言在于推动交叉科学、变革创新方式,对社会而言就是推动产业结构调整、促进经济形态变迁。这是高等教育主动迎接新一轮科技革命和产业变革的行动,通过融合创新助推产业升级或实现迭代跨越,形成我国新经济发展的技术先导。

一、我国高等教育高质量人才培养的基础平台

近年来,教育部门在教育教学改革领域进行了很多务实性、体制性的实践探索,尤其是2018年6月,教育部在四川大学召开了新时代全国高校本科教育工作会议,确立了新时代本科教育"三大纪律、八项注意",搅动了一池春水,形成了滚滚春潮,自此,本科教育教学改革走上了新时代。教育部强力推进"一流本科教育"各项工作,打出一系列有力度的"组合拳",启动实施"六卓越一拔尖"计划2.0,将原先的单个计划变成系列计划的组合,由"单兵作战"转向"集体发力";面向所有高校、所有专业,全面实施一流专业建设"双万计划"、一流课程建设"双万计划"、建设基础学科拔尖学生培养一流基地,简单归纳成"三建",即建金专、建金课、建高地。至此,我国高等教育高质量人才培养的基础平台将完全形成,比较有代表性的包括:

（一）活跃的教改试验

"四新"建设是新时代的新教改，两批国家层面的新工科研究与实践项目共计1457项，首批新农科项目407项，新文科项目1011项，发布了《新医科研究与改革实践项目建设指南》《新文科建设年度发展报告》，各省也都遴选了更大量的省级教改项目。优化、升级"金专"建设，党的十八大以来，共有265种新专业纳入本科专业目录，2021年撤销251个工科专业点，新增794个，新增者主要以"互联网+""智能+"为基础，体现国家发展的战略需求。突出交叉融合再出新，推动现有工科交叉复合、工科与其他学科交叉融合，加快推进计算机领域本科教育教学改革试点工作，启动特色化高端医疗装备工程实践创新教学中心建设。持续推进中国政法实务、新闻传播、经济、艺术"四大讲堂"，强化与实务部门合作，加快构建中国特色哲学社会科学学科体系、学术体系、话语体系。

（二）建设新型学院

以国家未来产业科技需求为出发点，重新构建了组织结构，并对人才培养模式进行了深化创新。着眼国家未来产业技术需求，重新组织结构，深化人才培养组织模式创新，2018年以后，教育部牵头推进一批专业特色学院建设。

面向先导产业需求，打造50个现代产业学院，通过加强政产学研合作，培养高端应用型人才和高素质经营型人才；瞄向科学发展前沿，预判中长期科技产业变革，建设首批12个未来技术学院，致力于关键核心技术突破，培育领军产业人才和战略科学家；布局建设了11个国家产教融合创新平台（集成电路、储能等领域）、33个特色化示范性软件学院、28个示范性微电子学院、11个一流网络安全学院。特别面向未来信息产业变化，引入龙头企业，充分实现产教融合，解决重点领域人才短缺和"卡脖子"难题；开展一批优质医学院校、一批高水平公共卫生学院的培育建设工作，支持11所大学开展八年制临床医学教育，突出公共卫生学院的预防谋划作用，以建立高水平医学公共卫生学院为基础带动中西部高水平公共卫生学院发展。

（三）加强紧缺人才培养

推进人工智能、集成电路、储能技术等领域国家产教融合创新平台建设，加快重型燃气轮机、病毒学、国土空间规划等紧缺领域新形态教学资源建设；加强儿科学、精神医学、公共卫生、临床诊断等紧缺专业人才培养；支持高校布局建设一批新兴涉农专业，增设种业、农林智能装备、食品营养、生态环境等重点领域专业；加强外语非通用语种、涉外法治、国际新闻传播等关键领域涉外人才培养，重点服务"一带一路"建设；研制《新农科人才培养引导性专业设置指南》《服务健康事业和健康产业人才培养引导性专业设置指南》等。

（四）培养卓越拔尖人才

全方位谋划基础学科人才培养，全方位推进系列卓越人才培养，把卓越拔尖人才培养作为高等教育关键目标，探索形成卓越拔尖人才培养的中国方案和中国范式。教育部联合多个部门进一步实施了"基础学科拔尖学生培养计划2.0"，将拔尖计划1.0的纯理拓展到大理、大文、大医，包括数学、物理学、力学、化学、生物科学、计算机科学、天文学、地理科学、大气科学、海洋科学、地球物理学、地质学、心理学、哲学、经济学、中国语言文学、历史学、基础医学、基础药学、中药学等20个类别。共有77所高水平大学布局建设了288个基础学科拔尖学生培养基地，吸引了1万余名优秀学生投身基础学科研究。为了加强基础学科人才培养，同时，还推动了本硕博贯通培养、科教融合协同育人等机制创新，提高了基础学科拔尖人才培养的质量。为了加快未来科技创新和关键核心技术突破，教育部支持建设了一批未来技术学院和专业特色学院，推动学科专业交叉融合，打造能够引领未来科技发展、有效培养未来技术原创和领军人才的教学科研高地。这些学院以优势特色学科专业为依托，在关键软件、网络安全、公共卫生、智慧农业等领域进行高标准建设，培养掌握重点领域自主技术的高水平人才。

（五）推动创新创业教育

教育部联合多个部门先后出台了《关于深化高等学校创新创业教育改革的实施意见》《关于大力推进高等学校创新创业教育和大学生自主创业工作的意见》等文件，明确了创新创业教育的目标要求、重点任务和保障措施，为高校开展创新创业教育提供了政策指导。连续举办九届中国国际大学生创新大赛（原名称为中国国际"互联网+"大学生创新创业大赛），累计吸引150余个国家和地区的5692万名学生参赛。

（六）推进学科专业交叉融合

正式设置"交叉学科"门类，使我国大学科门类由13个增至14个，推动了跨学科的融合发展。目前"交叉学科"门类下设"集成电路科学与工程"和"国家安全学"两个一级学科，着力构建支撑集成电路产业高速发展的创新人才培养体系，解决制约我国集成电路产业发展的"卡脖子"问题，培养具有全球视野、战略思维、政治意识、能力担当的国家安全人才。

这些举措的实施旨在提升本科教育的质量和发展水平，培养能够应对未来挑战的高素质人才，以满足国家社会经济发展的需求。人才培养为本，本科教育是根，以本为本是世界高等教育发展的共识和趋势。本科教育质量标准影响着基础教育改革的方向，本科生占87%，是服务经济社会发展的主力军，本科教育是基础中的基础、核心中的核心、关键中的关键。随着中国特色社会主义进入新时代，中国高等教育进入新的发展阶段，高等教育进入无人区、深水区，没有理论指导就会迷失方向，高等教育强国呼唤世界水平、中国特色的高等教育发展理论，高等教育的结构类型从相对单一转变为更加合理、类型齐备、体系完备，多样化成为高等教育发展最显著的特点，中国高等教育迈入提高质量新时代。

二、中国高等教育新阶段的新特征

（一）多样化

（1）教育类型的多样化。随着社会的快速发展，高等教育已经不再是单一的学术型教育，而是向应用型、职业型、继续教育型等多种类型转变。这种多样化的教育类型满足了社会对不同类型人才的需求，也使高等教育更加贴近社会实际。

（2）教育方式的多样化。传统的面对面教学方式已经不再是唯一的选择，线上教育、混合式教学等新型教学方式逐渐普及。这种多样化的教育方式不仅提高了教学的灵活性和效率，也为学生提供了更多的学习选择和自主性。

（3）课程设置的多样化。现代高等教育越来越注重跨学科、跨领域的课程设置，以培养学生的综合素质和创新能力。同时，各高校也根据自身定位和特色，设置了各具特色的课程，使课程体系更加多样化。

（4）学生群体的多样化。随着高等教育的普及化，越来越多的学生有机会接受高等教育。这些学生来自不同的地区、不同的家庭背景、不同的文化环境，他们的需求和期望也各不相同。因此，高等教育需要更加关注学生的个性化和差异化需求，提供多样化的教育服务和支持。

（二）个性化

（1）个性化教育尊重每个学生的独特性。在新阶段的高等教育中，教育不再是一成不变的模板，而是根据每个学生的兴趣、特长、需求进行个性化的定制。这种教育模式旨在激发学生的主动性和创造性，帮助他们更好地发展自己的潜能。

（2）个性化教育强调因材施教。这意味着教育不再是"一刀切"的方式，而是根据学生的实际情况和个体差异，提供不同的教育资源和教学方法。

这样，每个学生都能得到适合自己的教育，从而更好地实现自我价值。

（3）个性化教育注重培养学生的综合素质。除了专业知识外，高等教育还注重培养学生的批判性思维、创新能力、人际交往能力等综合素质。这种综合素质的培养有助于学生在未来的职业生涯中更好地适应和应对各种挑战。

（4）个性化教育还体现在对学生的全面关注和支持。在新阶段的高等教育中，学校不仅关注学生的学业成绩，还关注他们的身心健康、职业发展等方面。这种全面的关注和支持有助于学生在大学期间全面发展，为未来的生活做好准备。

（三）现代化

（1）普及化与大众化。随着中国经济社会的快速发展和人民生活水平的提高，越来越多的人有机会接受高等教育。高等教育已经从精英教育转变为大众教育，甚至普及教育。

（2）多元化与特色化。在高等教育的发展过程中，越来越多的高校开始注重自身的特色和品牌建设，形成了多元化的教育格局。同时，高校也在不断探索和创新教育模式，以满足社会对人才的需求。

（3）信息化与网络化。随着信息技术的发展，高等教育也开始向信息化和网络化方向发展。在线教育、远程教育等新型教育模式的出现，使高等教育更加便捷和高效。

（4）国际化与全球化。在全球化的背景下，中国高等教育也开始积极参与国际交流与合作，吸收和借鉴国际先进的教育理念和教育资源，提高自身的国际化水平。

（5）科研与创新的强化。高等教育不仅是传授知识，也是培养创新人才的重要基地。因此，高校在加强科研和创新方面也在不断努力，以提高自身的科研实力和创新能力。

三、 地方高校在经济和社会发展中的作用

地方高校是我国高等教育院校的重要组成部分，承担着重要的本科人才培养任务。在新的形式和背景下，地方高校应该如何转变观念，做好自身发展，是一个值得深入研究和思考的问题。

长期以来的体制框架下，地方高校与地方会按照各自惯有的习惯和模式进行运转，地方高校缺乏主动为地方社会服务的动力，地方社会缺乏积极依靠地方高校的愿望与需要，导致两者相互脱节。随着市场经济、知识经济时代的到来。随着地方高校和地方社会共同的发展，两者的结合、依靠与服务关系越来越密不可分，两者的关系也会成为地方高校共同发展的重大问题。

多项研究证明，地区的主要经济指标与劳动力整体受教育的程度呈高的正相关关系，也就是说，劳动力的整体素质对该地区经济主要指标起决定作用。现代社会知识经济改变了生产力要素的组合方式，经济的发展主要靠人才和知识，地方社会经济要提高层次和效益，地方社会文化要提高档次和品位，就必须善于依靠、利用地方高校的智力资源。地方社会将经济的发展主动建立在劳动力素质的提高和科技力量的增强上，是知识经济时代地方社会发展模式的理性飞跃。因此，地方高校应该定位在服务地方上，这样才能实现高校和地方的互利共赢，应成为地方社会发展的基础性资源，应当逐步承担地方经济发展的动力源角色，在地方经济建设中发挥其"发动机"和"能源库"的作用。

深挖后发现，地方高校在经济和社会发展中扮演着重要的角色，作用举足轻重，主要包括以下方面：

（一）人才培养

地方高校通过提供高等教育，培养各类人才，满足地方经济和社会发展的需求。地方高校培养出的毕业生能够填补地方企事业单位的用人需求，为

地方经济的发展提供坚实的人才支持。

（二）科技创新

地方高校是科学研究和创新的重要阵地。地方高校拥有丰富的研究资源和人才，并与地方产业、企业等紧密合作，推动科技成果转化和产业升级。地方高校的科研成果可以为地方经济发展带来新的技术、产品和服务，促进地方创新能力的提升。

（三）社会服务

地方高校积极参与社会服务，为地方政府和社会组织提供专业的咨询、人才培训、技术支持等服务。地方高校还与当地居民开展各类公益活动，提升社区文化、教育水平，促进地方社会和谐稳定发展。

（四）文化传承

地方高校作为地方文化的重要传承者和创新者，致力于弘扬地方的优秀传统文化和历史遗产，培养担当传承使命的人才。地方高校通过举办各类文化活动、开展地方文化研究等方式，推动地方文化的传承和发展。

地方高校为地方经济建设服务也是地方高校的天职、宗旨和地方高校存在的依据和根本，是地方高校发展的源泉、生命线，是地方高校壮大的手段与途径，有利于激发地方高校改革发展的活力和动力，也是深化教育教学改革的需要。

因此，地方高校应该如何积极进行教育教学改革，以适应"四新"要求，积极创新人才培养的模式和方法，做好产教融合和服务地方经济社会发展，是下一步地方高校发展过程中需要深入进行思考的问题，也是地方高校下一步发展的重点和难点。

四、"四新" 背景下地方高校本科高质量发展的定位

"四新" 是现在高等教育领域最热门的词语，内容包括新工科、新医科、新农科、新文科，顾名思义，都与学科建设密切相关，但其提出的初衷却是人才培养模式改革，重点在专业建设。学科和专业，体现着知识分类体系及相应的制度安排，其建设的逻辑既遵循科学技术本身发展演化的规律，也体现着社会产业需求。"四新" 建设工作就是对标国家发展的"四力"：新工科提升国家硬实力、新文科提升文化软实力、新农科提升生态成长力、新医科提升全民健康力。

新工科是主动应对第四次工业革命的"先手棋"，要着眼"新的工科"和"工科的新要求"，加强战略急需人才培养，提升国家硬实力。新医科是构筑健康中国的重要基础，要聚焦大国计、大民生，不断推进理念创新、制度创新和实践创新，实现从治疗为主到生命全周期、健康全过程的全覆盖，提升全民健康力。新农科是高等教育落实习近平生态文明思想的重要抓手，要贯彻"两山"理念，用现代科学技术改造升级涉农专业，助力打造天蓝水净、食品安全、生活恬静的美丽中国，服务百姓的幸福生活，提升生态成长力。新文科是发展社会主义先进文化的重要载体，要把握好新时代哲学社会科学发展的新要求，推动哲学社会科学与新科技革命交叉融合，培养新时代的哲学社会科学家，创造光耀时代、光耀世界的中华文化，提升文化软实力。

因此，"四新" 建设首先是一场人才培养模式的重大变革，这场变革紧扣国家发展需求，主动适应新一轮科技革命和产业变革，以及健康中国、生态文明、乡村振兴、文化传承创新的新形势新要求，着力调整优化高等学校专业建设，积极发展新兴专业和大力推进专业建设的新要求，开展课堂革命，引领人才培养方向。新工科既是综合大学理科应用发展的方向和创新增长点，也是工科优势大学集成创新的重要途径，最终形成新兴产业的活力源和生

长源。

"四新"建设都要把握三个要点：新专业、专业的新要求、交叉融合再出新。由此，新工科建设着重抓五件事：抓理论、抓专业、抓课程、抓结构、抓融合；新医科、新农科与新工科有异曲同工之处，都是面向新一轮科技革命，扎根中国大地，推动学科和产业变革、促进新经济发展、培养时代新人。新医科建设着力实现从治疗为主到生命全周期、健康全过程的全覆盖，积极探索医科与其他学科专业交叉融合，特别是推动"工医"深度结合，推进"医学+X"多学科背景的复合型创新拔尖人才培养。新农科建设以强农兴农为己任，重点瞄向绿色生态产业，推动以现代生物科技改造传统农林专业，多途径强化实践教学平台建设，创新科教结合协同育人机制，力图答好农业农村现代化、国家粮食安全、生态文明建设和世界发展贡献四张试卷，积极探索"农+X"多学科复合型人才培养新模式。新文科则更加丰富多彩，意义更为突出和广泛。本质上是坚持价值引领、守正创新，形式上是推进现代信息技术与传统文科专业、文科与理工农医科专业的深度交叉融合，注重用中国理论阐释中国发展道路，以马克思主义为根本指导思想和方法论，总结中国模式和中国经验；吸收世界学术探索的有益成果，思考人工智能技术所带来的形态变化，深入探讨人类社会发展的理论问题。新文科学科门类的覆盖面广，总体上要加强学科与社会的结合，注重现代科技特别是人工智能技术的融入，深化高校文科专业教学改革，培养新型人文社科人才。

（一）每个领域的主要探索内容

1. 新工科建设

强调跨学科和交叉融合，改变传统学科壁垒，鼓励工程学科与自然科学、人文社会科学的融合。

推行"项目式"教学，培养学生解决实际问题的能力，注重培养创新和实践能力。

加强实习实训环节，与企业合作进行产学研结合，提高学生的职业素养和实践经验。

2. 新医科建设

推动临床医学与基础医学、公共卫生学等学科的有机结合，培养全科医生和复合型医学人才。

强调医学教育的实践性和问题导向，注重锻炼临床技能和实际操作能力。

加强社会医学、人文医学等非传统医学学科的培养，提高医学人才的综合素质。

3. 新农科建设

推动农业科技与农业经济、农村发展等学科的融合，培养农业产业化和农村现代化所需的高素质人才。

强调农业可持续发展和生态环境保护，注重培养与绿色农业和生态农业相关的专业人才。

加强农村社会学、乡村规划与建设等非传统农学学科的培养，提升农业领域的综合能力。

4. 新文科建设

推动人文学科与社会科学、自然科学等交叉融合，培养具备全球视野、跨文化交流能力和创新思维的复合型人文专才。

强调实践与理论的结合，培养学生的实际应用能力和问题解决能力。

加强对中国传统文化、外国语言文化等特色学科的传承和发展，提高人文学科的传承与创新能力。

（二）地方高校高质量本科教育与"四新"建设相结合

"四新"建设顺应新一轮科技革命和产业变革启程，践行扎根中国大地办大学伟大实践，融合学科和产业，面向社会发展重大问题，加快培养紧缺人才，推动创新型国家建设，是近年来中国高等教育改革的重要方向之一。这些探索旨在培养适应时代发展需求的高素质人才，推动学科间的交叉融合和协同创新，提高人才培养的针对性和实践能力。

因此，地方高校高质量本科教育应该结合"四新"建设，从以下几个方面入手：

1. 立足新需求，服务新职业

地方高校应该密切关注社会经济发展趋势和就业市场需求，深入分析新时代社会主流和前沿产业对人才的需求，及时了解新兴行业和职业的发展动态，全面掌握新时代对人才的需求和要求，将这些要求转化为具有标志性、示范性的新型专业和新型学科群，各地区要为新职业提供新人才。

2. 突出特色，强化优势

地方高校不应该追求大而全的发展模式，而是应找准自身特色和优势，根据自身的实际情况和发展定位，制定出科学合理的发展战略，明确办学目标和重点方向。通过定位独特、专业设置合理、教学模式创新等方式，在定位规划、学科建设、教育教学改革、师资队伍建设、产学研合作以及质量监控等方面下功夫，使之在人才培养、科研项目、社会服务上具有明显的优势和特色，不断提升自身的核心竞争力和影响力。

3. 全面提高教育质量

无论是新工科、新农科、新医科还是新文科，都旨在高质量发展。对于地方高校而言，更是应该将提高教育质量作为核心目标。高校本科教育是培养各行各业所需的专门人才的重要阶段，提高教育质量可以确保学生接受到更全面、深入的知识和技能，使他们具备创新思维、实践能力和解决问题的能力，地方高校本科教育的提质增效，可以缩小不同地区、不同家庭背景学生之间的教育差距，实现更加平等的教育机会，促进社会公平与社会发展，为社会培养出更加适应社会需求的复合型、创新型、战略型高素质人才。

五、"四新"背景下地方高校本科高质量发展的实施路径

在高等教育多样化的情况下，为保证人才培养质量，各国都在寻求不同

类型本科教育的培养规格的共性标准。1996 年，英国政府的咨询机构高等教育调查委员会（National Committee of Inquiry into Higher Education）在其报告中明确要求英国大学毕业生必须达到以下三方面的要求：关键技能（key skills），即交际能力（communication）、数量能力（numeracy）、运用信息技术能力（use of information technology）、掌握学习方法（1earning how to learn）；认知技能（cognitive skills），即理解方法论的能力（understanding of methodology）、批判的分析能力（ability in critical analysis）等；专业技能（specific skills），即试验技能、各学科专业能力等。2005 年，欧洲高等教育区卑尔根部长级会议上通过的欧洲高等教育的学术资格框架对学士学位的"学习产出"做出了明确的规定。第一，已经具有在普通中等教育之上的某一个领域内的知识和智力能力，其典型的水准包括学生所学领域高级教科书中的某些前沿知识。第二，能以专业的方法在工作或职业中应用其知识和智力能力，典型的表现是在其学习领域内据理争辩，从事设计和解决问题。第三，能收集和解释相关数据（通常是在其学习领域内），以做出正确判断，包括关于社会、科学或伦理问题的见解。第四，能与专家和非专业听众交流信息、思想、问题及解决办法。第五，已经具有高度自主地持续进修所必需知识的学习技能。

教育部强调过在本科"四新"建设过程中需要解决的问题，如课程内容与实际需求的脱节、教学方法的陈旧等，并提出了相应的对策建议，如优化课程设置、更新教学方法等。锚定 2035 年建成教育强国的目标，结合"四新"建设，地方高校应该从理念、目标、政策等方面实现战略性转变，避免出现"身子进入普及化、脑子还在大众化、习惯还在精英化"的问题。中国高等教育已经迈入普及化阶段，整体进入世界第一方阵，意味着本科教育的宏观环境发生了根本性的变化。正是这种根本性的变化，使得本科教育的培养目标、培养规格面临着一系列问题和挑战。

目前，我国对本科人才培养规格的阐述尚没有比较权威的政策文本，各校在制定各专业的培养规格时主要依据《高等教育法》中培养目标的规定——"本科教育应当使学生比较系统地掌握本学科、专业必需的基础理论、基本知识，掌握本专业必要的基本技能、方法和相关知识，具有从事本专业实际工作和研究工作的初步能力",再结合各专业的具体情况和对培养目标的分解加以阐述。殊不知,《高等教育法》关于本科教育培养目标的规定,由于运用"比较""初步"等含糊限定的语言,致使在实际质量监控过程中,实施者无法操作。因此,尚处处刻记着应用型人才培养的理论与实践,精英高等教育时期印迹的地方本科院校的人才培养规格的阐述也比较笼统,存在"规格不明"的问题,难以为课程评价服务,因此,有必要明确应用型人才的培养规格。那么,如何实施地方高校人才计划呢?以下的途径,值得思考和借鉴。

(一)积极推动有效果的思想政治教育教学

本科生是社会的中坚力量,他们的思想政治教育对于未来社会发展具有深远影响。通过改革思想政治教育教学,可以帮助本科生树立正确的理想信念、人生观价值观,增强思想道德素质。本科生思想政治教育工作不仅是灌输知识,还要注重学生的思维能力、创新能力等方面的培养,使学生在获得知识的同时,也具备辩证思维、自主学习的能力,应该注重培养学生的创新精神、实践能力和团队合作能力,提高学生的综合素质,使他们能够适应社会发展的需要,统筹做好思政课程和课程思政的建设工作,积极推动思想政治教育教学改革,推动教育教学质量和效果的提升。

(二)积极实施有内涵的专业建设模式

本科专业是高等学校培养各行各业专业人才的基础。加强本科专业建设能够提升教学质量,培养出更多具有扎实专业知识、创新能力和实践能力的毕业生,满足社会对人才的需求。本科专业是学科建设的基础,加强本科专业建设有利于推动学科的发展和壮大。通过不断完善专业设置、更新教学内容和方法,可以提升学科的学术水平和社会影响力。学校通过加强本科专业建设,进而不断改进教学内容、教学方法和评价体系,促进教学改革和创新。这有助于提升教学质量,满足学生个性化发展需求,培养适应社会发展需求的人才。因此,高等学校加强本科专业建设对于学校发展、社会需求和人才培养都具有重要意义。

（三）积极建设有质量的高校本科课程体系

课程是学校育人的第一阵地，建设有质量的高校本科课程体系是高等教育发展的重要任务，关键的一步是要确保课程设置科学合理、符合社会需求和培养目标。重视专业基础、职业技能与创新能力的融合，将社会需求和学生发展需求紧密结合，构建有特色的课程体系，既要满足专业知识和技能的要求，也要培养学生的创新能力、实践能力和综合素养，提高课程的针对性和实用性。

（四）积极打造有水平的教材体系

有水平的本科教材体系能够提供系统、全面的知识结构，帮助学生建立起扎实的学科基础。教材是教育教学的核心资源，优质的教材能够激发学生的学习兴趣，促进他们对知识的深入理解和独立思考。有水平的本科教材体系对于学科交流和发展具有积极的推动作用。教材编写需要依据学科前沿知识和研究成果，这就要求教材编写者与学科领域的专家学者进行广泛的交流与合作。通过这种合作，可以促进学科交流与共享，推动学科的创新与发展。

（五）积极打造有能力的师资队伍

打造有能力的师资队伍对于任何机构或组织都是至关重要的。一支优秀的师资队伍可以有效地提高教育质量，激发学生的学习兴趣和潜力，推动教育事业的持续发展。地方高校要积极强化教师队伍的建设，引进高层次人才，培养优秀的教师，提升教师的教学、科研水平，可以通过提高教师待遇、加强师资培训、建立激励机制等方式，提升教师的教学水平和科研能力。

（六）积极打造有手段的管理体系

积极打造有手段的本科教学管理体系对于高等教育机构的重要性不可忽视。一个科学合理、规范完善的教学管理体系能够有效提升本科教学质量，促进学生成长和发展。好的质量管理体系可以明确教学目标、教学评估标准和课程设置，规范教学过程，确保教学质量稳步提升。通过规范化管理流程和信息化手段，可以提高教学资源配置效率，优化课程安排，提升教学效率。打造有手段的本科教学管理体系对于高等教育机构来说至关重要。只有通过科学合理的管理实践，才能不断提高本科教学质量，培养出更多满足社会需求的优秀人才，推动高等教育事业的长足发展。

地方高校应及时更新教育观念，改革教育教学方式，利用现代信息技术，如在线课堂、虚拟实验室、远程教学等，以满足新时代学生的个性化学习需求。积极探索各类教育教学改革，鼓励跨学科的学习和研究，培养学生的综合素质和创新能力。实施拔尖人才培养，打造各类特色化学院，培养高精尖人才。紧密结合地方产业发展，促进与企业、研究机构等的深度合作，通过共同开展科技创新与技术转移，实现产业发展和科学研究的良性互动。各方需要明确各自的优势和特长，合理配置资源，并确定合作的具体内容和方式，这样培养复合型人才可以更好地实现理论与实践相结合，从而更好地适应市场需求。企业还可以获得高等学府和科研机构的专业知识和技术力量支持，从而推动企业的技术创新和产品升级，提高企业的竞争力。正像习近平总书记指出的，要用好学科交叉融合的"催化剂"，推进理工结合、工工交叉、工文渗透、医工融合、工农协同来培养一批能够引领和示范科技革命和产业变革的拔尖创新人才。我们通过"元实力"的人才培养，要解决"卡脑子"的问题；通过"硬实力"的人才培养，要解决"卡脖子"的问题；通过"锐实力"的人才培养，要解决创造创新的问题。总的来说，在新工科、新农科、新医科和新文科的背景下，地方高校应通过深化改革，提升质量，强化服务，为社会主义现代化建设提供更多高质量的人才支持。

第二章

"四新"背景下高校思想政治教育研究

高校既是培养专业技术人才的地方，也是培养国家栋梁的地方。思想政治教育是一切教育的前提和命脉，通过学习思想政治理论知识，学生可以了解和掌握马克思主义的基本原理和方法，深入理解社会主义核心价值观及中国特色社会主义理论体系。这可以帮助学生增强爱国情怀、弘扬中华优秀传统文化，帮助学生树立正确的人生观、价值观和世界观，培养健康的心理素质和自我认知能力，培养良好的道德情操和社会责任感，这对于学生成为优秀的公民和合格的社会主义建设者具有重大意义。

高校是学术研究的重要场所，思想政治教育可以帮助学生树立正确的学术道德和研究伦理观念，培养学术操守和自律精神。同时，加强学术思想的交流和碰撞，促进多元化的学术观点和思维方式，有利于学术研究的发展和突破。思想政治教育能够加强学生对校园文化建设和校园秩序的认同和维护意识，促进校园和谐稳定。通过思想政治教育，可以引导学生注重个体与集体的关系，提高他们的互助和团结精神，营造积极向上的学习和生活氛围。思想政治教育可以引导学生树立正确的创新创业观念，培养他们的创新意识、实践能力和团队合作精神，为他们的创新创业之路提供思想和精神支持。将来，高校毕业生将成为社会的中坚力量，在未来的职业生涯中需要担当起社会责任。思想政治教育能够引导学生了解社会发展和变革的实际情况，提高他们对社会问题的认识和解决问题的能力，培养他们的社会责任感和使命感，使学生具备全面发展的素质。

　　高校应该加强思想政治教育，无论是课程建设还是学生的日常管理和教育。课程建设方面，2019 年 8 月中共中央办公厅、国务院办公厅印发《关于深化新时代学校思想政治理论课改革创新的若干意见》，2020 年 5 月教育部印发《高等学校课程思政建设指导纲要》（以下简称《纲要》）精神，文件为全面落实立德树人根本任务，提出要充分挖掘各学科专业课程蕴含的思想政治教育资源，充分发挥所有课程的育人功能，全面推进学校课程思政建设，构建全员全程全方位育人体系，这就从课程的角度全面谋划了思想政治教育的方法和路径。因此，高校的课程建设必须以习近平新时代中国特色社会主义思想为指导，深入贯彻习近平总书记关于教育的重要论述，全面贯彻落实全国教育大会、全国研究生教育大会、全国高校思想政治工作会议和学校思想政治理论课教师座谈会精神，全面贯彻党的教育方针，全面落实立德树人根本任务，坚持显性教育与隐性教育相统一，深入挖掘各类课程和教学方式中蕴含的思想政治教育资源，实现各类课程与思想政治理论课同向同行，全面提高课程育人水平。

　　通过思想政治教育，可以促进学生的综合素质和能力的全面发展。通过课程的学习，学生可以培养批判思维和分析问题的能力，提高对社会、政治、经济等方面的理解和认识，增强思辨能力和文化素养。这对于他们将来从事各种工作和为社会做出贡献具有重要意义。通过日常的管理，可以加强学生的国家观念和民族精神，培养爱国主义情感和民族自豪感，增强对中国特色社会主义事业的认同和支持，为国家建设和社会发展贡献智慧和力量。这是一项着眼于国家和民族的长远发展的有效举措，也是培养德智体美劳全面发展的社会主义建设者和接班人的重要措施。

一、做好思想政治理论课程建设工作

　　思想政治理论课是学生思想政治教育的第一阵地，承担着最主要的思想政治教育任务，在中国的高等教育中具有重要地位。它是培养学生的社会主义核心价值观和中国特色社会主义理论体系的重要途径，也是培养学生马克思主义理论素养和思想政治能力的重要平台。思想政治理论课内容涵盖了马克思主义基本原理、中国特色社会主义理论体系、党的路线方针政策、国家法律法规等重要内容，其目的是引导学生正确看待世界、认知社会、把握时代，促进他们的道德情操和思想境界的提升。

（一）思想政治理论课的地位

思想政治理论课的地位凸显在以下几个方面：

1. 培养社会主义核心价值观

思想政治理论课通过教授马克思主义基本原理，引导学生形成正确的世界观、人生观、价值观，培养学生对社会主义核心价值观的认同，提高他们的思想道德水平。

2. 培养马克思主义理论素养

作为马克思主义的继承者和发展者，思想政治理论课着重培养学生对马克思主义理论的理解和应用能力，使他们具备辨别真假、善恶、美丑的思维能力，从而更好地适应社会发展和参与社会实践。

3. 促进青年学生全面发展

思想政治理论课注重培养学生的思辨能力、创新精神和综合素质，加强道德品质和个性修养的培养。通过系统学习马克思主义，引导学生树立正确的人生观和价值观，形成积极向上的人格特征。

4. 提高国家治理水平

思想政治理论课通过阐释中国特色社会主义理论体系和党的路线方针政策，帮助学生深入了解党和国家的方针政策，提高他们的理论水平和政治素养，为国家的发展和治理提供有力的智力支持。同时，也培养学生遵纪守法、尊重法律的意识，提高国民素质和社会文明程度。

思想政治理论课不仅是传统意义上的知识传授，也是一个综合开放的课程，涉及现实生活的方方面面。教学内容往往会随着时代的变化和发展不断更新，涉及范围也往往超出单一学科的知识应用，而要涉及多方面、多角度的思考和跨学科的知识渗透，因而也同样具有综合性、开放性。

（二）思想政治理论课的形式

目前，我国高校中思想政治理论课实现了全覆盖，课程的形式主要包括以下几种：

1. 必修课程

思想政治理论课通常是高校的必修课程，经过多年的发展和改革，课程内容逐步丰富，并形成了包括马克思主义基本原理、中国特色社会主义理论体系、党的路线方针政策、国家法律法规等在内的全部内容。这些课程旨在帮助学生建立正确的世界观、人生观和价值观，增强他们的社会责任感和国家意识。传统的思想政治理论课程在面对学生的需求和社会变革时，教学方法也在改革中不断创新。传统的课堂教学模式逐渐转变为多元化的教学方式，包括案例教学、小组讨论、互动式教学等；通过提供丰富多样的教学资源和互动平台，使学生能够积极参与思考和讨论，提高课程实效；相关课程的考核也逐步改变了以往"一考定成绩"的传统模式，改为注重过程化考核，强调"学会"，而不是"学过"。学校要把立德树人内化到专业培养目标、毕业要求和课程设置等各个方面，严格落实教育部关于思政课程学分、学时和学期的要求。一系列的改革措施，帮助思政课的授课和育人效果不断加强。

2. 选修课程

思政类选修课作为思想政治理论必修课和专业课的扩充，既是思政课程的组成部分，又是课程思政的重要范畴。心理学家皮亚杰指出"一切有成效的工作都是以某种兴趣为先决条件的"。现代科学研究证明，学习者对于学习的兴趣越浓，教学信息在传输过程中受到的信道干扰就越小。很多学校根据学生的需求和特点，设计了多样化的思政政治选修课。有些课程注重理论学习，帮助学生掌握马克思主义理论基础；有些课程注重实践教学，提供社会实践和社区服务的机会；还有一些课程注重研讨交流，鼓励学生思辨和辩论。

思政选修课开设内容相对灵活多变，侧重点往往聚焦当下经济社会发展和世界形势变化，比较热门的课程有"当代世界经济与政治""《共产党宣言》导读""新时代·新青年""马克思主义的时代解读""中国道路""红色经典影片与近现代中国发展""生态文明——撑起美丽中国梦""新青年·习党史——南京大学青年纽扣课堂"等，这些内容丰富的思政选修课可以作为理论课程的有效补充。

由于在思政类选修课的教学组织中，教学对象是以兴趣为引导的学生群体，相比其他必修课有天然的亲近感，更有利于开展基于问题的研究性学习和协作式学习，在此过程中，教师不再是系统理论知识体系的传输者，而是有针对性地遴选出思想疑点或核心论题，引发学生的思考，再由疑点或论题倒逼学生回到书本和网络进行更深入的基础知识学习，并在强化学生主体地位的过程中不断加深知识内化的程度，培养学生的创新思维，完善学生的知识结构，引导学生立德成人、立志成才。

3. 特色化改革课程

近年来，中国高校思想政治理论课程也在不断进行改革和创新。除了原有的思政课外，随着经济社会的发展，一些内容新颖、与专业贴合度更高的思政课也涌现了出来。该类课程的设置主要围绕习近平新时代中国特色社会主义思想的基本原理、内涵和实践路径展开，更加注重思想政治理论课程与实际问题的结合，引入案例分析、讨论和实践活动，提高学生的实践能力和综合素质。比如开设国家安全教育类课程，在国防教育中有机融入习近平强军思想。结合专业特色，全面开设习近平新时代中国特色社会主义思想专业必修课，例如，法学类专业开设"习近平法治思想"，经济学类专业开设"习近平经济思想"，农学类专业开设"习近平生态文明思想"，外语类专业开设"习近平外交思想"，新闻传播类专业开设"习近平总书记关于舆论、新闻、网络等工作的重要论述"，教育学类专业开设"习近平总书记教育重要论述"，管理学、社会学专业开设"习近平总书记关于社会主义社会建设重要论述"，历史学、文学、艺术学类专业开设"习近平总书记关于社会主义文化建设重要论述",理学、工学、医学类专业开设"习近平总书记关于科技创新的重要论述",通过一系列特色化课程的开设,将习近平新时代中国特色社会主义思想融入学科、融入专业、融入课程、融入课堂、融入头脑,结合学科特点,有机融入党史、新中国史、改革开放史、社会主义发展史等内容,阐释习近平总书记关于历史问题、历史思维的重要论述,帮助学生深入理解和把握习近平新时代中国特色社会主义思想,从而更好地适应和投身于中国特色社会主义事业的发展和建设,引导学生在学思践悟中坚定理想信念,在奋发有为中践行初心使命,不断增强历史定力、锤炼历史思维。

二、做好课程思政建设工作

习近平总书记在全国高校思想政治工作会议上强调,要用好课堂教学这个主渠道,各类课程都要与思想政治理论课同向同行,形成协同效应。教学工作在高等学校人才培养中具有中心地位,课程思政建设正是落实立德树人、充分发挥教学育人主战场的重要举措。单纯依靠"思政课程"对大学生进行价值引领的时代已经一去不复返,"课程思政"是实现思想政治工作贯穿教育教学全过程,实现全程育人、全方位育人的通途,必须充分发挥思政课程之外所有课程"立德树人"的本质属性,深挖全部课程中有效的思政元素。因此如何构建具有时代及专业特色、思政教育与专业教育有效结合的建设方式,成了现在研究的热点。

做好课程思政建设的措施包括以下九个方面。

1. 加强学校课程组织领导工作

学校要将课程思政建设内容纳入学校中长期发展规划和年度工作要点,结合学校特色及办学需求,建立健全课程思政建设的组织机构和管理体制,明确相应的职责和权限。设立专门的领导机构,如思政教育领导小组或课程思政建设工作领导小组,负责统筹规划、协调推进、监督检查。同时,加强与学院、系部等相关部门的沟通与协作,形成合力。学校要积极组织建设工作，扎实推进建设任务。学校和各二级学院均要成立由主要负责同志牵头负责的课程思政建设工作小组，并将相关举措、成效列为党建述职的重要内容。

2. 加强课程思政工作制度保障

学校要结合自身情况，积极制定课程思政建设的发展规划和相关指导文件，明确目标任务、工作重点和时间安排。规范课程思政建设的各项工作，为教师提供具体的指导和操作规范，确保工作的有序进行。针对课程思政工作，学校应加强制度保障，建立教师岗位聘任机制、职称和职务晋升机制、教学和科研评价机制、教师奖惩机制、财务管理机制、经费保障机制，并将教师参与课程思政建设情况和教学效果将作为教师考核评价、岗位聘用、评奖评优、选拔培训的重要内容。在教学成果奖、专业评选、课程评选中加大课程思政建设情况的考核，对优秀的成果将予以大力支持。强化制度保障，加强条件支持，形成全校全员共同关注、重视、推动课程思政建设的良好局面。

3. 加强课程思政教师能力提升机制

学校应主动作为，积极协助教师增强课程育人能力，组织开展课程思政建设的教师培训，提升教师的思想政治素质和专业能力。培训内容可以包括习近平新时代中国特色社会主义思想的理论学习、教育教学方法与手段的研讨、案例分享等。通过培训，激发教师的工作热情，提高他们的教学水平和思政教育能力。将课程思政纳入新入职教师培训内容，组织教师赴各类思想政治教育基地观摩学习。充分发挥院士、长江学者、杰出青年、国家级教学名师、市级教学名师和优秀教学团队等的示范带头作用，引领带动广大教师积极投入课程思政建设。充分发挥教研室、教学团队、课程组等基层教学组织作用，建立课程思政集体教研制度，推进集中研讨提问题、集中培训提素质、集中备课提质量。鼓励和支持思政课教师与专业课教师合作教学、教研，共同提升课程思政教学效果。建立院系交流机制，打造教学观摩、交流互鉴、研讨共进的平台，促进课程思政优质资源共享。

4. 加强课程思政在学科专业建设中的地位

学校应该全面推进所有学科和专业中的课程思政建设，紧密结合一流学科和一流专业建设点建设工作，推动专业教育与思政教育有机融合，有针对性地修订人才培养方案，切实落实博士硕士一级学科、专业博士硕士学位类别要求及本科专业类教学质量国家标准，构建科学合理的课程思政教学体系。学校和学院要主动对照《高等学校课程思政建设指导纲要》中的工学类、理学类、文学类、法学类、经济学、管理学、艺术学类和医学类等不同学科门类课程思政建设要求，进一步细化建设目标，结合自身特点，挖掘特色素材，做到各有特色，又前后呼应。

5. 加强课程思政在课程建设中的地位

课程是课程思政建设的载体，学校要紧密结合各类优质课程建设工作，按照综合素质类课程和专业教育类课程两种类型，推出一批质量高、影响大、效果好的研究生课程及本科课程。鼓励教师结合专业特点、借助现代信息技术手段、依托学校优势特色，充分挖掘学校历史、校友故事、学校传统当中的思政元素，打造一批具有学校特色的线上、线下、线上线下混合式课程思政示范课程，将课程思政贯穿于基础课、专业课、实践课、体育美育劳动课中，推动课程思政落实于课堂授课、教学研讨、作业论文等各个环节。

6. 加强课程思政在教材建设中的地位

学校要指导各学院做好教材的建设、选用和管理工作。各学院要做好教材的选用工作，推进教材内容全面落实于教育教学各个环节。鼓励教师紧密结合改革开放和社会主义现代化建设实践，紧密结合自身学科专业特点，在学术理论创新、理论体系完善、实践经验总结的基础上，深入挖掘教材思政元素，自主编纂具有课程思政特色的专业优秀教材。

7. 加强课程思政教学建设研究改革

学校要紧紧围绕国家和地方发展需求，结合学校发展定位和人才培养目标，以教育教学改革为抓手，打造全面覆盖、类型丰富、层次递进、相互支撑的课程思政体系。设立课程思政研究中心，建设一批课程思政教学改革专项项目，评选一批课程思政建设优秀案例，总结一批课程思政创新教法，推广一批课程思政先进经验。

8. 加强实习实训课程中的课程思政建设

综合运用第一课堂和第二课堂，借助实习实训、社会实践等环节，注重学思合一，拓宽课程思政建设的方法和路径，增强学生勇于探索的创新精神和善于解决问题的实践能力。各学院需结合劳动教育课程，积极引导学生热爱劳动、热爱人民；需结合创新创业教育，积极引导学生参加大学生创新大赛、"挑战杯"创新创业大赛等课外学术科技作品竞赛和"青年红色筑梦之旅"活动，鼓励师生开展基于课程思政主题的大学生创新创业训练计划项目；各学院需结合社会实践类课程及志愿服务等活动，鼓励学生扎根中国大地，了解国情民情，在实践中增长才干，在艰苦奋斗中锤炼意志品质。

9. 建立健全课程思政建设质量评价体系

学校要把人才培养效果作为课程思政建设评价的首要标准，建立健全全方位、多维度、师生广泛参与的课程思政建设成效考核评价体系和监督检查机制。继续深化落实好校领导及党政相关部门领导听课制度，将课程思政建设情况作为课程评价的重要内容。充分发挥校院两级教学督导体系的作用，将课程思政在课堂讲授、课后作业、考试考核等环节中的落实情况予以反馈，以便推动课程思政走向全面、走向深入，推动学校"课程门门有思政，教师人人讲育人"的良好局面的形成。

三、做好学生日常思政教育工作

作为培养社会主义建设者和接班人的重要阶段，大学教育在塑造学生思想观念和培养高素质人才方面起着关键作用。而加强大学生日常思想政治教育，则是培养德智体美劳全面发展的学生的必然要求，重要性不言而喻。大学时期是学生个性和价值观形成期的关键时期，也是他们思维方式逐渐成熟的时期，仅仅依靠课堂上有限的时间对他们进行思想政治教育是远远不够的，日常思政教育不可忽视，因此要做好课堂内外的有机结合。在课堂上，教师应当注重知识的讲解，以故事、案例等方式生动引导学生理解和思考，同时，要鼓励学生积极参与讨论，激发他们的思辨能力和批判思维。在课堂外，可以组织各类政治教育活动，如学术讲座、社会实践等，让学生亲身感受社会现实，加深对政治问题的认识。那么，如何加强大学生日常思政教育呢？

（一）深入了解学生内在需求

经常与学生进行沟通交流，了解他们的思想动态、困惑和需求。可以通过开展心理测评、座谈会、问卷调查等方式获取学生的意见和反馈，密切关注学生的思想动态和发展变化，及时发现并解决学生在思政领域遇到的问题和困惑。可以通过一对一谈心、辅导咨询、定期评估等方式了解学生的成长，根据学生的需求进行相应安排和指导。注重大学生的心理健康教育，开设相关心理辅导活动。通过心理辅导，帮助学生解决情绪困扰、压力管理等问题，提升他们的心理适应能力和抗压能力，为思想政治教育提供更好的保障。

（二）举办学术讲座

邀请知名学者、专家或相关领域的人士进行学术讲座，介绍重要的政治理论、历史事件、社会热点等，讲授当代重要理论和观点，引导学生探索世界和社会的发展趋势，拓宽他们的思维视野。讲座可以涵盖政治理论、社会伦理、历史文化等多个方面，通过专业人士的讲解和互动交流，可以让学生有机会近距离接触和交流历史和社会，了解不同层面人士的政治经验和见解，激发学生的思考和学习兴趣，增加学生对政治问题的了解和思考深度，拓宽他们的思维视野，以满足学生的多元化需求。

（三）组织各类社会实践活动

组织学生参与社会实践活动，让他们亲身感受社会发展的现状和问题，增强对社会责任的认识和担当意识。可以选择组织志愿服务、社区调研、企业实习等实践项目，在实践中进行互动和反思。组织学生参观政府机构、党史馆、纪念馆等重要场所，通过实地考察，帮助学生亲身感受政治活动的现场和历史背景，加深对政治制度、党史等方面的理解。选取国内外重要事件、社会问题、思想理论等话题引导学生开展专题讨论，鼓励学生参与其中，引导学生深入思考，自由表达观点，培养学生的辩证思维和批判性思维，进而帮助学生树立国家荣誉观和社会责任感。

（四）营造积极向上的学校环境

打造开放、包容、民主的学校环境，促进学生思想交流和互动。学校可以鼓励建立学生组织、社团活动，为学生提供展示才艺、发表观点的平台，培养学生团结协作、参与管理的能力。

（五）借助新媒体手段拓宽教育渠道

随着信息技术的发展，新媒体成了大学生获取信息的主要途径。利用微博、微信公众号、短视频等新媒体平台，可以定期发布政治理论知识、时政热点评论等内容，引导学生关注社会问题，激发他们的思考和议论能力。此外，还可以设计在线答题、讨论等互动形式，加强学生的参与度和反馈效果。此外，要建立健全日常思想政治教育的长效机制。学校应当成立专门的思政教育领导小组，明确责任分工，加强组织协调。同时，要优化教师队伍建设，加强师资培训，提高教师的思政教育水平和专业素养。此外，还应当建立学生思政教育档案，全面了解学生的思想动态和发展情况，及时进行干预和指导。

四、结合"四新"建设做好思想政治教育工作

"四新"背景下，思想政治教育工作被赋予了更多的内涵和意义，如何将思想政治教育工作与"四新"建设有机结合，使得思政课和专业课这二者在目的和手段上同向同行，为思想政治教育提供相融一体的教学环境。针对"四新"背景下做好思想政治教育工作有如下建议：

（一）了解学科特点

不同学科领域有着不同的特点和需求，需要认真研究学科发展动向、学科知识结构和学科文化内涵，了解学科所涵盖的核心理论和基本原理。只有深入了解学科特点，才能把握到如何将思政教育与学科知识相结合，形成有针对性的教育方法和内容。通过了解学生所在专业的特点和发展趋势，分析学科和思政教育的共性和互补性，就可以找到二者之间的联系和融合点。例如，新工科聚焦科技创新和发展方向，新医科聚焦医德医风要求，新农科聚焦农业现状和可持续发展等，将专业的知识与思政教育充分融合，将思政教育内容融入学科教学中。为了满足学生的不同需求，思想政治理论课在高校中也有多个层次的分类，一些专业性较强的学校或专业会设置更加深入的思想政治理论课程，涉及更加具体的学科内容和理论研究。通过案例分析、专题报告等方式，引导学生从思政的角度去思考和解决学科问题。通过在思政课程中加入专业的元素，在专业课程中全面融入课程思政，做好专业和思政的有机融合，达到更好的育人效果。

（二）强化实践教育

大学生思政教育不能仅停留在理论层面，更要注重将所学知识应用于实践中。可以通过开展课程设计、科研项目、实习实训等方式，让学生主动参与到实践活动中，锻炼他们解决问题的能力和创新思维。结合学科特点，将思政教育与实践相结合，引导学生积极参与社会实践、创新创业等活动，提升他们的社会责任感和专业素养，如参观革命历史纪念馆、参与志愿服务等。通过亲身体验，让学生感受到历史的底蕴和社会发展的进程，增强对国家、集体和社会的认同感。

（三）设计多样化教育形式

采用多样化的教育形式，如讲座、研讨会、小组讨论、实践课程等，邀请相关领域的专家学者为学生讲授学科前沿知识，并与思政教育内容相结合，激发学生的学习兴趣和参与度。随着信息技术的发展，一些高校开始尝试在线思想政治理论课程的开设。借助信息化技术，利用网络平台、移动应用等辅助教育工具，提供在线学习资源和交流平台，方便学生专业学习和思政教育的深入开展，通过互联网平台，学生可以在任何时间和地点学习相关知识，并进行在线交流和讨论，加强学习效果。

（四）加强师资队伍建设

为了确保思想政治理论课的质量，高校也注重培养和引进具有专业素养和教学能力的师资队伍。加强教师培训、提升教学水平是当前高校思想政治理论课开设的重要方向之一。针对不同学科的思政教育工作，培养专业素养高、思政思维广的师资队伍，提供有针对性的培训和支持。

（五）引导学生形成正确的世界观、人生观、价值观

通过开展主题教育、开展社会实践、组织社团活动等方式，传授相关的政治理论知识、社会科学知识、人文知识等，帮助学生了解社会的方方面面，了解不同的世界观、人生观、价值观，并分析其优缺点。组织社会实践活动、志愿者服务、实习实训等，让学生亲身经历并参与到社会实践中去。实践经验可以让学生更加深入地认识社会问题和挑战，培养他们的社会责任感和使命感，并对自己的世界观、人生观、价值观进行反思和修正。鼓励学生主动思考、质疑和探索，培养独立思考的能力。使用启发式教学方法，引导学生通过提出问题、讨论分析、寻求解决方案等方式，培养创新思维和批判思维，形成自己独立的观点和价值判断，培养他们的社会责任感和担当精神。

思想政治教育可以培养学生的思想道德素质、社会责任感和创新意识等综合能力，使他们成为有良好品德和公民素质的高素质人才。新时代的专业发展中，学生需要具备正确的世界观、人生观、价值观。思想政治教育可以帮助学生树立正确的人生目标和价值追求，引导他们积极向上、勇于担当、关心社会、推动社会进步。新工科、新医科、新农科、新文科的相关专业都与社会联系密切，与思想政治教育结合，可以引导学生深入了解社会问题和

挑战，培养他们的社会责任感和使命感，使他们在专业发展中能够充分发挥影响力，为社会进步和民生福祉做出贡献。同时，这些专业涉及人类生产、社会发展、文化传承等重要领域，思政教育可以帮助学生树立正确的专业伦理观念，强化职业道德和职业操守，提高专业素养，确保专业发展与社会公共利益相一致。通过理论学习、实践体验和社会参与等方式，培养学生的专业自信和职业荣誉感，提高行业的声誉和社会认可度。

因此，在新工科、新医科、新农科、新文科的背景下，思想政治教育工作对于培养高素质、有社会责任感和创新能力的专业人才具有重要意义。中国高校中思想政治理论课程的开设非常普遍，不仅关系到学生的思想道德修养，而且是培养社会主义建设者和接班人的重要途径。除了思政课程，高校在专业课程设置、教学方法和教师培养等方面都在努力提高思政教育的教学质量和效果。做好思想政治教育工作需要结合新工科、新医科、新农科、新文科的特点，注重实践教育、多样化教育形式和内容融合，加强师资队伍建设，借助科技手段辅助教育，引导学生形成正确的世界观、人生观、价值观。

第三章

"四新"背景下特色化专业建设研究

世界在不断变化，教育也必将随之发生变化。世界各地的社会都经历着深刻的变革，这就需要新的教育形式，以培养当今和未来社会需要的人才。随着高等教育从大众化走向普及化，新科技革命和产业变革奔腾而至，高等教育从基础支撑到创新引领动力的作用愈加凸显，中国的高等教育要更加积极地超前识变、积极应变、主动求变。教学、科研、服务是高等学校促进社会进步和发展不可推卸的三大使命，随着知识经济的到来，高等学校服务社会的功能得到了空前的重视和强化，高校一直强调发展要服务国家和地方重大战略以及经济社会发展，尤其是地方高校，更是把对接产业需求、推动地方经济发展作为自身发展和转型的第一方向。

"四新"自提出以来，就是中国高等教育做大做强、走向世界舞台中央的开始，是我们自主培养适应未来的领军人才的重要举措。全国全面推进组织模式创新、理论研究创新、内容方法创新。"四新"分别有着不同的建设定位，新工科是为了提升国家硬实力，新文科是为了提升文化软实力，新农科是为了提升生态成长力，新医科是为了提升全民健康力，"四新"的建设目的是要引领和带动高校专业结构调整优化和内涵升级，做强主干专业、打造特色专业，升级改造传统专业，坚决淘汰不能适应社会需求变化的专业。深入实施的"六卓越一拔尖"计划2.0正是在充分认识到这个的基础上实施的，教育部称"六卓越一拔尖"计划2.0是"四新"建设的总抓手，"四新"建设是"六卓越一拔尖"计划2.0的总目标，通过"六卓越一拔尖"计划2.0

的实施，以点带面、点面结合，引导高校全面优化专业结构，深化专业综合改革，激发学生学习兴趣和潜能，让学生忙起来、让教学活起来、让管理严起来，全面振兴本科教育，全面提高人才培养质量。"六卓越一拔尖"计划2.0不是单一的改革项目，这是对我国高等教育人才培养体制机制的综合改革，是对我国高等教育质量的重新定位和全面提升。

近年来，地方高校在持续不断地完成转型升级，进一步明确自身发展方向和定位，即通过培养高质量的实用型人才来服务国家和地方经济社会发展，地方高校的专业建设就是高校转型升级建设中的重中之重。专业是本科人才培养的基本单元，教学改革改到要处就是专业改革，培养学生系统学习理论和基础知识，掌握相应的实践能力和思维能力。为培养各类高素质的人才而设置的一种学科领域，按照不同的特点和学科内容划分为哲学等13个学科门类。如何做好地方高校本科专业的建设工作，邱小捷等提出了建设要点。要以社会需求为导向，专业是高校教育服务社会和广大受众的切入点，是沟通经济社会和受众的桥梁，找准经济、社会和个体发展的要求与人才培养之间的结合点，是地方本科高校专业设置的要义。因此，专业建设是学校办学的重要基础建设，高校尤其是地方高校，更是要特别关注学校所在区域的产业经济需求，努力为区域发展提供服务。瞄准区域产业的重点发展行业和领域，集合学校相关优势学科，通过交叉和集约发展，构筑与产业链相匹配的学科群和专业链。

一、地方高校专业建设现状

新中国成立初期，中国高校本科专业基本沿袭西方大学的学科分类，包括文学、理学、工学、农学、医学、经济学等。1952年中国进行了一次学科调整，将学科重新划分为哲学社会科学、自然科学、工程技术科学、农学与医学四个大类，这种分类体系在一定程度上影响了后来的本科专业设置。

改革开放以后，中国高校的本科专业面临多元化和国际化的挑战。随着经济的快速发展和社会的变革，新兴学科和专业涌现出来，例如计算机科学与技术、软件工程、金融学、国际关系等。同时，许多高校还开始与国外大学合作办学，引进国际先进的本科专业。

近年来，中国高校本科专业发展更加注重培养创新创业能力、实践能力和国际视野。为了适应社会需求和经济发展，高校本科专业设置也更加注重产教融合，开设更多的实践性课程和实习机会。

总的来说，中国高校的本科专业发展经历了从起步阶段到稳定发展阶段，再到多元化和国际化发展阶段的演变。这一过程中，高校本科专业的设置和改革始终与国家的教育政策密切相关，并不断地适应社会需求和时代发展的要求。现阶段，中国特色的高校学位授予体系、专业目录体系和管理制度正在不断完善。专业建设也已经主动融入国家战略和行业发展，教育主管部门和学校已经开始对接新发展格局，调整优化学科专业布局，着力发展国家和社会急需的专业及关系国计民生、影响长远发展的战略性学科专业，对现有专业进行改造升级，针对解决现实问题积极推进学科交叉融合。2018年教育部正式发布第一个专业类教学质量国家标准，这个标准涵盖了92个本科专业类、740个专业，涉及全国6.1万个本科专业点，标准坚持质量为王、标准先行、兜住底线、留足空间的原则，加快形成了具有中国特色的高等教育教学质量标准体系。该标准以专业类为单位，明确了适用的专业、培养目标、培养规格、课程体系、师资队伍、教学条件、质量保证等各个方面，积极推动人才培养与区域经济社会发展、产业发展、行业需要紧密结合，为各高校专业规划和建设提供了国家依据。党的十八大以来，共有265个新专业纳入本科专业目录，目前目录内专业771个；新增本科专业点1.7万个，撤销或停招1万个，人才培养对新技术、新产业、新业态的适应度明显增强。

虽然高等教育大众化导致高等教育向多层次、多类型方向发展，但是作为高等教育的一个重要的层次——本科教育在人才培养规格上还是有其统一性的一面，专业关系着应用型人才培养过程，统摄着课程、实习、实训、教学管理、社会服务和具体产业等，是人才培养各要素的集约和核心环节。所谓深入的要义,不是先构造一个宏大的标准体系,而是从具体专业入手,研究不同专业应用型人才培养的过程和课程结构,再向下细研课程内容、方式、理论与实践的分布、配比等,形成以数据为支撑的专业人才培养模式。对专业的研究,一方面,可以横向形成应用型人才培养模式的综合成果;另一方面,各专业可以就其课程、实践、组织等关键要素,向下进一步拓展,形成扎实的专业性应用型人才培养模式。

现阶段,中国面临世界百年未有之大变局,大国关系、国际秩序、地区安全、社会思潮、全球治理都将重塑,面临治理赤字、信任赤字、和平赤字、发展赤字的重大挑战,经济格局、政治格局和文明格局都将发生重大变化,新科技革命和产业变革将对人类文明演进和全球治理体系发展产生深刻影响。深刻对比大国实力,我们必须下好“先手棋”、抢占“制高点”。习近平总书记指出:“发展理念是发展行动的先导,是发展思路、发展方向、发展着力点的集中体现。”因此,在专业建设中,也必须秉承新发展理念,完整把握、准确理解、全面落实相关思想,将专业建设整体规划架构在国家重大战略和经济社会发展需要之上,才能有力地推动专业建设的有效性和质量提升。2023年,教育部等五部门印发《普通高等教育学科专业设置调整优化改革方案》,将专业建设改革推向了一个新高潮。

现阶段,地方高校在专业建设方面存在着很多共性和个性的现象。比如,专业设置上,大部分地方高校做法一致,一方面会根据地方的经济发展情况和产业需求,开设相应的专业以满足地方的人才需求,另一方面也会开设一些传统的学科专业,如文学、工学、理学等专业。但是地方高校在专业质量方面存在明显的差异,一些重点地方高校,拥有雄厚的师资力量和先进的教学资源,专业质量较高;而一些普通地方高校由于资源有限,可能在师资力量、科研条件等方面存在一定的短板,专业质量相对较低。在建设投入方面,不同省份的地方高校也存在很大的差距,一些地方政府会加大对高校的支持力度,提供资金和资源支持,也有一些地方高校由于经济实力有限,面临着资源匮乏的问题。因此,地方高校如何在现在的“四新”背景下找到自己的特色化发展路径是一个重要的研究课题,高校要积极提升自身的竞争力,在专业建设中注重培养具有地方特色的人才。专业建设更应该与经济社会发展需求相对接,将学校学科专业发展纳入学校事业发展长期规划,面向急需学科专业,每年开展专题研究,聚焦国家重大战略和学校所在地区经济社会发展规划、产业体系及产业链布局,结合学校办学特色和事业发展需求,做好学科专业优化、调整、升级、换代和新建工作。通过与地方产业需求的结合,开设一些具有地方特色的专业,并提供相关的实践教学环境,培养适应地方发展需求的人才。

二、地方高校专业建设存在的问题

随着高等教育进入大众化阶段,地方高校的发展被推到了一个关键转型期。目前很多地方性高校专业建设过程中暴露出很多问题,主要表现在以下几个方面:

(一)盲目扩大规模,专业重叠率太高

近年来,很多地方院校在发展中一度出现了办学定位不准确、贪大求全、同质化倾向严重、专业特色弱化等问题,盲目扩张最明显的表现就是不停地申报新专业,尤其是近年来相对热门的专业,盲目的扩张并没有给学校带来更多的资源,反而新专业的仓促上马带来了更多的问题,课程内容、师资水平、教学条件的不足直接导致人才培养效果的下降,且同一区域(领域)大量重复设置"过热"专业导致人才培养雷同现象突出。过剩的人力资源与社会需求不能完全匹配,导致学生对专业的认同感下降。有些地方高校的专业设置过于冗杂,涉及面过广,而且缺乏市场需求的导向性。这导致了无法满足实际社会发展所需的人才培养要求,也使得学生就业难度增加。人才培养质量不高和人才供给过剩会导致学生毕业就失业的现象越来越突出,更容易给学校带来更多的负面影响。因此,如何做好专业布局结构宏观调控成为教育主管部门的主要职责,如何做好学校内部专业布局和调整成为学校的主要

职责。这一倾向也使高校多年积累的专业特色呈现淡化的局面。

（二）舍弃原有优势，专业建设方向不明

现在很多地方性高校存在严重专业布局不合理现象，尤其是一些原本的国家各部委直属行业特色型高校转归地方后这种现象更加突出。这是由于很多地方高校原有学科专业门类较少、专业设置较窄，优势学科单一，大多集中在与某些行业密切相关的几个学科专业，其他专业的发展则相对滞后。加之有些专业随着行业发展形势而成为"热门"，众多高校竞相建设，少数高水平大学由于其较高的影响力、强大的资源投入和优秀的师资力量，使原先某些具有特色专业优势的地方高校逐渐失去了优势。同时，很多地方高校由于盲目追求扩大规模、增设热门专业，导致学校发展方向不明、重心偏移，特色优势专业未能形成引领效应，不能带动其他专业共同发展；弱势专业也未能发挥其补充、融合效应。这成为某些高校特色专业不强、新增专业发展缓慢的重要原因。

（三）资源匮乏紧张，建设难度加大

高校专业建设是一个复杂而长期的过程，资源匮乏和难度加大是常见的挑战之一。市属高校从资金和资源投入上往往更多依赖地方政府，不同省份对教育的投入程度直接决定了不同地方高校的资源情况，相对于一些重点高校而言，往往拥有的财力和资金相对有限。这导致了在专业建设方面的投入不足，无法提供充足的实验室设备、教学材料、师资队伍等资源，从而影响到专业建设的质量和水平。在资源有限的情况下，学校规模的盲目扩大会导致资源的分散供给，原有专业可能存在投入不够的现象，从而导致专业建设和转型升级受限；新专业的建设更依赖优质教学资源和优质师资，经费的不足会导致新建专业资源匮乏的现象更加严重，建设的难度加大。

（四）实践教学缺乏，专业适应性不高

地方高校在专业建设中，往往偏重理论知识的传授，而对实践环节的安

排不够充分。这使学生在毕业后面临实际工作时，缺乏对实际问题的解决能力和实践经验。地方高校通常面临着相对较少的经费和资源支持，无法提供充足的实验设备、科研条件以及资金支持，从而限制了与企业或研究机构的合作和交流，这导致了学生在实际应用能力和科研创新能力方面的欠缺。有些地方高校对于产学研结合的意识和理念尚未得到充分的认知和重视，很多高校更注重学术研究而忽视了与实际应用相结合的重要性，在管理体制和机制上存在一定的局限性，对于产学研结合缺乏有效的组织和推动，导致各方之间的合作难以顺利展开。

因此，如何在有限资源的情况下找到专业的发展方向，尽可能地避免"拥挤"现象出现，是地方高校现在迫切需要解决的问题。

三、地方高校特色化专业发展策略研究

（一）结合地方经济社会发展，精准定位专业发展特色

高校专业的变革和更替就是专业供给侧改革的具体体现，区别于部委属高校，地方高校的发展与区域和地方的关系更加密切。高校要合理规划专业设置，做出科学和细致的专业规划，避免盲目扩大规模和设置过多重叠的专业。在规划过程中，要考虑社会需求、就业市场情况、学科发展趋势等因素，调整和优化专业结构。

1. 秉承"地方"特色

地方高校在发展过程中要更好地秉持"地方"特色，不能丢掉"地方"特色而谋求大而空的发展。要明确服务地方的专业布局定位，精准对接地方经济社会发展和产业需求，秉承为地方输送合适人才的培养目标。通过与企业和政府进行合作，探索该地区高校专业设置和发展方向与产业发展的契合点，了解企业的技术需求和人才需求，结合所在区域的优势主导产业或相关行业需求建设和申报专业。例如，如果地方以农业为主导产业，可以发展农

业相关的专业，培养农业技术人才；如果地方拥有丰富的自然景观和文化遗产，可以开设旅游管理或文化产业相关专业，还可以与当地相关行业和企业建立长期合作关系，通过行业对接和校企合作，了解行业需求和发展动态。基于这些合作平台，高校可以调整专业设置，开设与当地行业紧密相关的专业课程，提升学生的就业竞争力，还可以积极开展与地方政府、企业或社会组织的合作项目，借助实践机会，让学生深入了解当地产业发展和经济环境。通过参与实际项目，学生可以培养实践能力，并将所学知识应用于实践中，提高专业素养。

政府要充分发挥协调和统筹职能，合理配置不同地方高校专业设置的合理性，实现协同发展和错位发展，通过优化资源配置和鼓励跨校合作，充分发挥管辖区域内各高校特色与发展方向，立足地方、服务地方，与区域优势产业互动创新、合作共赢，依托高校人才培养的作用和优势，积极对接行业链和产业链，提升整个地区高校的专业发展水平，实现人才培养与社会服务的互利互赢。

2. 突破"地方"局限

地方高校在守住初心的同时要对标全国甚至全球，着眼过去的同时要放眼未来发展，纵向上吃透校情校史，结合地方发展史、行业发展史、国家发展史，找到优势学科专业的社会发展和经济变革中的作用和地位；横向上深入分析学校的优势特色及所处的地区、国家和国际环境，将专业建设与学校的事业发展方向相统一，瞄准服务国家战略和地方经济社会高质量发展，确定学校专业建设的长远方向，明晰专业发展的具体出路，对标"四新"建设，找到发展点和突破口，做好学科专业供给侧改革，做强主干专业，打造特色优势专业，升级改造传统学科专业，办出专业特色和专业优势，而不是仅仅局限于一时一地的需要。通过开展联合培养、学术研讨会、实践项目等形式的合作，打破地域限制，提升专业建设水平。

（二）面向产业行业需求，积极推动专业交叉融合

现阶段，学科交叉融合是高等教育领域的热词。随着经济社会的发展，

单一技能的人才已经不能满足企业发展的需要，社会对多技能复合型人才的需求越来越多。这就要求学校转变以往传统的单一人才培养模式，打造适应社会发展的复合型人才，因此交叉融合成了高等教育领域的热词。尤其是"四新"的提出，更是将专业学科交叉融合从理论层面上升到了实践层面。"四新"的主要思想包括三个方面：新的专业、专业的新要求及深度交叉融合再出新，这是一件日新月异的工作，随着经济社会的发展、科技的进步而不断地更新，教育教学的理念也要随之更新。这是中国高等教育面对新一轮产业革命和产业变革、面对社会主义现代化建设需求、面对世界高等教育发展做出的教育应答、时代应答、主动应答、中国应答，它提出要以社会发展需求为导向进行人才培养，打破学科专业壁垒，促进交叉融合发展，这个举措正在逐步改变中国高等教育的现状，构建了中国高等教育服务经济社会发展的新范式。

"四新"的提出是以人工智能、大数据、云计算和物联网为代表的新一轮科技革命和产业变革，在这个背景下，复合型人才指的是具有多学科知识、技能和广泛应用能力的人才。他们既具备专业技术，又具备跨领域的通识教育和创新思维能力。高校往往采取的都是传统的人才培养模式。在"四新"的背景下，更多灵活的、与社会需求紧密对接的人才培养模式开始涌现，这些培养平台的出现，为适应社会需求复合型人才的培养打下了坚实的基础。教育部办公厅于2022年11月29日发布《示范性特色学院建设管理办法》，其中明确提出了未来技术学院、现代产业学院、专业特色学院等服务国家重大战略需要的特色学院建设工作，这个文件也为高校专业建设指明了方向。

"四新"背景下，学科专业建设应该聚焦重大科学问题和关键领域，根据学科专业特色，打破传统的学科界限和机构壁垒，创新组织模式，改革招生选拔、导师选聘、培养过程、学位授予等各核心环节，大力促进多学科交叉融合，培育新兴交叉学科专业。适度超前布局相关学科专业，拓宽引领前沿技术、未来技术和产业发展的战略科技人才储备广度。坚持新工科提升国家硬实力、新医科提升全民健康力、新文科提升文化软实力、新农科提升生态成长力的发展理念，打破传统的专业界限，推动专业交叉融合，面向未来技术、瞄准前沿科技、拔尖创新人才培养方面，推动原有专业全方位升级改造，推进专业数字化改造，深化课程和教学内容改革，实现专业深度交叉融合创新发展新格局。

同时，应该加大对学生的职业导向教育力度，引导学生选择有市场需求和就业前景的专业。要加强实践教育，给学生提供实践能力培养的机会，增加他们在职场中的竞争力。

（三）面向学生培养目标，构建专业学习共同体

1. 构建专业学习共同体的意义

专业学习共同体是一种自发性的学习组织形式，由于其集合了学习者和助学者两种身份的人，涵盖了学生、教师、管理者、企业人员等相关元素，在现代学生培养模式中起到了举足轻重的作用。1995 年，学者赫德等提出"持续探究及改善的共同体"（communities of continuous inenquiry and development）的概念，随之出现了"专业学习共同体"的概念。赫德等认为，专业学习共同体可以分为五个维度，即支持性及共享的领导（supportive and shared leadership）、支持性条件（supportive conditions）、共享的价值和愿景（shard values vision）、合作学习与学习的应用（collective learning and application of learning）、共享的个人实践（shared personal practice）。杜福则认为，专业的学习共同体应注意以下三个原则：保证学习的原则、协作的文化原则和以结果为焦点的原则。这些原则都强调以学习者的困难为任务驱动，教师和学生共同协作，不断进行专业对话，共同努力解决任务。随着研究的深入，对学习共同体的研究也逐渐地深入起来，教师总是教、学生总是被教的现象有望改善。

因此，在专业建设的过程中，要注重学生与教师之间的师生互动、学生与学生之间的生生互动、学校与企业之间的校企互动，打造以学生和教师为主体的校内学习共同体、以教师和企业为主体的校企学习共同体、学生与企业之间的实践补充共同体。在这个专业学习共同体打造的过程中，校内的生生互动和师生互动是比较容易实现的教学环节，但是校企之间专业学习共同

体的构建难度相对较大。在现阶段我国企业履行社会责任的意识和行动都不强的情况下，仅仅依靠企业社会责任感还难以构建校内人员与校外人员组成的专业学习共同体。那么，在这种情况下，高校如何积极发展校外伙伴关系？高等教育进入大众化阶段后，高校的规模越来越大，涉及的利益群体也越来越多样化。这些利益群体都是高校可以合作的伙伴。

2. 建构专业学习共同体的操作策略

（1）制订明确的培养目标。高校应该明确制订专业学习共同体的培养目标，包括学科知识、技能和素养等多个方面。这些目标可以作为教师和学生共同努力的方向，并通过评估和反馈机制进行监控和调整。

（2）优化课程设置。根据培养目标和社会需求，高校应优化课程设置，确保课程内容与专业发展紧密相关。同时，结合教学方法的创新，如项目制学习、案例教学、翻转课堂等，提高学生的学习参与度和实践能力。学校可以鼓励项目制教学，以小组为单位，参与成员就共同关心的理论与实践问题进行探讨，活动可以采用"讲+评+互动+引领"方式，即由其中一个成员介绍话题观点，大家参与讨论、点评，然后是共同体成员之间的互动，最后由专家或教师进行理论的总结和实践的引导。也可以用"辩论+互动+引领"模式，即先确定讨论主题，辩论双方各派出两人阐述对同一主题的观点，然后是互动，最后是教师或专家的理论总结或实践的引导。论坛组织形式从实际需要出发，在解决问题的方式上可以采用讨论式、辩论式、个案分析方式、专题发言、调研汇报、经验总结、专题报告等，以期共同体对某个理论问题或实践问题的探讨不是浮于表层，而是有深度地进行思考、交流和共享。

（3）建设师资队伍。高校应注重师资队伍的建设，引进拥有丰富实践经验和专业背景的教师，提供持续的教育培训和专业发展机会，提高他们的教学水平和指导能力。同时引进企业高管、工程师等技术人员参与课程授课，形成专兼结合的师资队伍，补充学校专职教师在企业应用实践方面缺失的问题。同时，鼓励教师与学生之间的密切互动和学术交流。

（4）构建学习社群。高校可以通过各种方式构建学习社群，如专业学习小组、学术研讨会、实践团队等。这些社群可以给学生提供一个互相学习和交流的平台，激发学生的学习热情，促进彼此之间的合作和成长。信息技术在学习社群的构建中发挥着不可或缺的作用。网络交流主要具有两个特点：一是具有自由的言论环境，在网络上双方更容易畅所欲言，大胆地表达自己的看法与观点，有利于观点的交锋。二是网络交流不受时空限制，共同体成员随时随地都可以参与网络讨论，及时解决学习过程中碰到的理论困惑与实践难题。因此，高校应充分利用网络平台，共建 BBS，由导师或专家在线主持，对学习过程中的问题给予及时的讨论、指导。

（5）提供实践机会。实习主要是通过真实的工作环境将所学的理论、技能运用于实践的过程。而实训主要是通过创设基于工作的、模仿从业者真实活动的学习环境，或借助信息技术设计逼真、仿真环境和虚拟真实来提高学习的真实性与有效性，以保证知识向真实情境迁移。实习、实训的关键是给共同体一个真实或模拟的任务，所有成员共同致力于完成这一任务，在与环境的长期而真实的互动过程中，使知识与技能的应用发生于真实的背景中，从而真正掌握成功的实践活动所必需的知识与能力。高校应积极与企业、研究机构等外部合作伙伴合作，提供学生实践机会，如实习、实训和科研项目等。这些实践机会可以帮助学生将理论知识应用到实际工作中，提升实践能力和解决问题的能力。

（6）为学生发展提供支持。高校可以为学生发展提供支持服务，包括心理健康咨询、职业规划指导、社团组织活动等。这些支持可以帮助学生解决个人和学业上的问题，提升学生的综合素质和自我管理能力。

（7）加强校企合作。高校应加强与企业的合作，开展校企合作项目，如共同研发、实习基地建设等。这样可以让学生接触到真实的工作环境和需求，为将来的就业和创业做好准备。

（四）面向学校自身环境，积极挖掘拓展专业资源

1. 寻找外部资源

学校可以主动与相关行业的企业或组织建立合作关系，共享专业建设资源，如签订实习协议、开展技术合作、共同研发项目等。通过与企业的合作，

学校可以获取实际应用方面的专业资源，通过合作开展联合研究项目、共同开设课程、举办学术会议等方式与企业保持密切的交流与合作，充分利用外部资源。学校还可以积极组织师生参与学术会议、研讨会、学术论坛等外部学术交流活动。这些活动通常汇聚了来自不同学校和研究机构的专业人士，可以获取最新的学术资讯和前沿研究成果，拓宽学生的专业视野。

2. 提高内部资源利用效率

优化内部资源配置，例如，合理安排教师教学时间，鼓励教师参与科研项目，提高资源的利用效率。此外，可以开展内部培训、交流活动，提升教师的教学水平和学科专业素养。

3. 引进外部专家

学校可以邀请相关行业的专家、教授或学者来校举办讲座、指导或合作研究等，可以邀请行业专家、知名学者等担任兼职教师或客座教授，这样可以借助专家的经验和知识，为学校的专业发展提供外部资源和指导，引进前沿的学科理论、实践经验和最新的技术发展，为专业建设提供更多资源和支持。

4. 制订合理的规划和发展策略

制订专业发展规划，明确发展目标和路径，并根据资源情况合理安排专业发展的步骤和时间节点。同时，要结合实际情况，制订灵活的发展策略，及时调整专业结构和课程设置。

在新工科、新医科、新农科和新文科背景下，专业建设是推动创新与发展的重要途径，重要性无可否认。专业建设的重要性在于适应时代发展、提高专业能力、促进学科交叉与融合、增强就业竞争力、推动创新与发展。通过"四新"建设，打破了传统专业之间的界限，强调学科专业的交叉与融合。在培养学生专业素养的同时，注重培养跨学科思维和能力，促进不同学科之间的交流与合作，这有助于学生创新和综合解决问题的能力的提升。通过建设新领域的专业，为学生提供创新的学习环境和机会，培养他们的创新精神和实践能力。同时有助于挖掘和培养优秀人才，推动相关领域的科技进步和社会发展。

第四章
地方高校特色化"四新"课程建设研究

　　课程是本科教学的根本，课程质量的好坏直接影响着人才培育的效果。2018 年召开的新时代全国高等学校本科教育工作会议是本科教育领域跨时代的会议，会议就多次强调要推进课程内容更新，推动课堂革命。《教育部关于深化本科教育教学改革全面提高人才培养质量的意见》中着重提到全面提高课程建设质量。立足经济社会发展需求和人才培养目标，优化公共课、专业基础课和专业课比例结构，加强课程体系整体设计，提高课程建设规划性、系统性，避免随意化、碎片化。2019 年教育部发布《教育部关于一流课程建设的实施意见》，正式拉开了课程改革的大旗，旨在打造一大批具有高阶性、创新性和挑战度的线下、线上、线上线下混合、虚拟仿真和社会实践"金课"。教育部通过一系列手段，积极发展"互联网+教育"，探索智能教育新形态，推动课堂教学革命。通过严格课堂教学管理，严守教学纪律，确保课程教学质量等措施，以课程为抓手，通过"课堂革命"带动"质量革命"，进一步推动本科教育教学高水平发展。

一、地方高校课程建设现状

　　课程是教育最微观的问题，却是关乎教育质量的最根本的问题，是专业内涵发展的重要抓手，是落实立德树人成效的具体动作，因此课程建设历来都是教育部、各省市教育厅（教委）以及学校重点主抓的内容。本科课堂教学是本科生教育的主阵地，是体现"以学生发展为中心"理念的"最后一公里"，也是提高本科生专业能力和水平最有效的手段。作为高等教育的核心组成部分，经历了漫长而复杂的发展过程。古希腊和古罗马时期，人们已经开始关注教育的重要性，并制定了一些课程来培养公民的素质。新中国成立后，我国本科教育课程开始从零起步，教育被视为国家建设和发展的重要支撑。课程体系主要由政治、语文、数学等基础学科构成，并且鼓励培养理工科人才。此阶段的主要任务是建立基础学科体系，传承和发扬中华优秀传统文化，培养社会主义建设所需的各类人才。改革开放以后，我国本科教育课程经历了重要的变革与调整。为了适应社会发展的需要，开设了更多专业课程，如经济学、管理学、外语等。

20世纪80年代，我国的教育改革开始逐渐深入，教育部为了推动教育的现代化和个性化，首次提出了"1+1"的课程设置原则。这一原则主张，在课程设置上，一半的课程由学生根据自己的兴趣和特长自由选择，而另一半的课程则由学校进行统一安排，包括公共基础课和专业必修课。这种课程设置原则的目的是在保证学生获得必要的基础知识和技能的同时，也能够充分发挥学生的个性和兴趣，提高他们的学习积极性和自主性。通过自主选择的课程，学生可以更深入地探索自己感兴趣的领域，培养自己的特长和爱好。而学校统一安排的课程则保证了学生获得全面的教育，包括必要的文化素养、科学知识和专业技能。这一阶段还注重培养学生的实践能力和创新精神，鼓励多样化和综合能力培养，注重培养具有创新精神和实践能力的高素质人才，同时，引进国外先进的教学理念和课程模式，逐渐推行开放式的教育体系。

在改革开放的推动下，我国本科教育进入了快速发展的时期。为了培养学生的全面素质，我国从20世纪90年代开始，在大学阶段普遍推行通识教育。1998年开始，教育部提逐步推行了课程改革。尤其是当年发布的《关于深化教学改革，培养适应21世纪需要的高质量人才的意见》中提到："从整体人才培养目标出发，根据培养目标和人才培养模式的要求，更新教学内容，优化课程体系，打破学科课程间的壁垒，加强课程与课程体系间在逻辑和结构上的联系与综合。"此次改革涵盖了文科、理科、社科等多个领域，使学生在深入专业学习的同时，也能拓宽知识面，提高综合素质。此外，引入了选修课程、实践教学、创新实验等，注重培养学生的综合素质和创新能力。

进入 21 世纪，我国本科教育迈入了全新的时代。教育改革不断深化，注重素质教育和个性化发展，强调课程的适应性和针对性，开始实行模块化教学。将课程内容分解成若干个独立的学习模块，每个模块都有明确的目标、内容和时间要求，这样既便于学生按照自身进度和难度进行学习，也便于教师进行教学管理。信息技术的普及和发展使在线教育和跨学科课程成为可能，丰富了本科教育的内容和形式。

2019 年，《教育部关于一流本科课程建设的实施意见》正式颁布，文件全面落实立德树人根本任务，秉承"课程优起来、教师强起来、学生忙起来、管理严起来、效果实起来"的教育理念，坚持知识传授与价值引领相统一、显性教育与隐性教育相统一，充分发挥各类课程的育人作用，深入推进"思政课程"及"课程思政"建设，打造一批优质课程，完善具有高阶性、创新性和挑战度的一流本科课程体系，以点带面，引领辐射，构建更高水平人才培养体系。文件的出台旨在加强本科教育的质量和水平，培养具有创新能力、实践能力和国际竞争力的高层次人才，推动高等教育向适应经济社会发展需求的转型，助力我国高等教育的改革与发展，也将本科课程教学质量提升到了前所未有的高度。

地方高校课程建设更是本科教学工作的重点，课程建设的原则是以习近平新时代中国特色社会主义思想为指导，要注重提高课程建设对经济社会建设的匹配度、支持度。地方高校多以培养应用型人才为主，应用型本科人才培养目标和培养规格是依据经济社会发展对人才的多元化需求而制定的，因此要注重提高课程体系与人才培养规格的匹配度，也就是提高课程体系对经济社会建设要求的支撑度。根据地方经济发展需求和就业市场需求，适时且合理地更新课程体系和课程内容，加强课程与社会需求的对接，注重培养学生的综合素质和核心竞争力。学校可以鼓励教师尝试增加跨学科和实践性课程，提供创新创业教育和项目驱动的学习机会，培养学生的创新思维和解决问题的能力，加强课程对培养与地方产业结构和发展方向相适应的人才的支撑度。这可以通过与相关企业、行业协会等建立紧密联系，了解其需求和变化情况，及时调整课程设置。同时，还可以引进国内外优质教育资源和教学方法，借助在线开放课程、高校合作交流等途径，拓宽学生的专业视野和交流能力。

二、 地方高校课程建设存在的问题

（一）课程目标设置与复合型人才培养需求存在差距

高校在课程内容设置方面相对比较单一，往往只聚焦专业本身的知识和内容，不同专业之间存在学科壁垒，导致交流和合作的困难。一些教师和学生可能更加注重自己专业领域的发展，对于其他专业的知识和需求缺乏了解和认识，人为地导致了学科专业之间的壁垒；高校传统的课程设置模式限制了不同专业课程之间的交叉融合，一些课程安排紧凑，难以容纳其他专业的选修需求，缺乏灵活性和开放性；在推动不同专业课程之间的交叉融合过程中，师资队伍的专业背景和能力也存在一定的局限性，不同专业的教师之间缺乏交流和合作的机会，无法共同探索交叉学科的研究和教学方法，一些学生对于跨学科学习缺乏兴趣或不清楚其意义和价值，更倾向于保持自己专业的纯粹性；学生的选修课程选择受到课程安排和学分要求等限制，难以自由选择跨专业课程。以上因素都制约着复合型人才的培养。

因此，地方高校要积极打造跨学科的学习平台，鼓励学生跨专业选修课程并参与跨学科项目，这样可以为学生提供更多的学习交叉学科知识的机会，增强他们的跨学科思维和综合能力；积极开设交叉学科课程，覆盖不同专业的知识内容，并邀请相关专业的教师共同授课，这样可以促进师生之间的学科交流和合作，丰富专业课程的内容和方法；鼓励学生参与跨专业项目，让学生在实际问题解决中跨越专业界限，与不同专业背景的学生合作，这样可以培养学生的合作意识和团队精神，拓宽他们的知识视野和能力边界；加强师资队伍建设，可以提供培训和支持机制，鼓励教师间的学科交流和合作，通过教师的跨专业培训和交流，可以增强教师的知识广度和交叉学科能力，促进不同专业课程之间的交叉融合；同时还可以设立交叉学科研究机构，集聚相关专业的研究人员，推动不同专业之间的学术交流和合作。通过以上举措，可以为学生提供更多的学习资源和研究机会，促进不同专业之间的交叉融合。

（二）课程质量提升与技术创新发展不能同步

技术创新发展日新月异，教育体系通常相对保守，变革速度较慢，因此常常导致两者之间产生不同步。

（1）教育体制和行业需求不匹配。在调查中发现，很多地方高校本科课程的设置脱离了自己的办学定位和人才培养目标定位，盲目地套用老牌高校课程设置，有的专业甚至基本套用"985"大学的课程设置，这就远远脱离了其办学定位、教育类别特质和自己拥有的教育资源实际。很多地方高校的课程设置多年来一成不变，没有及时调整以适应不断变化的行业需求。由于各行各业的快速发展和创新，很可能出现课程设置滞后于市场需求的情况。

（2）课程目标设置缺乏实践性。一些课程的目标可能更加注重理论知识的传授，而忽视了学生在实践能力方面的培养。然而，在当今的职业环境中，企业更加注重员工的实操能力和解决问题的能力。

（3）缺乏行业导向的合作机会。课程设置可能没有与行业相关的合作机会，学生很难将他们在课堂上学到的知识应用到实际项目中。与行业合作的机会可以帮助学生了解实际工作环境，并提供实践机会，提高他们的职业竞争力。

因此，地方高校在本科课程建设的时候要高度重视课程对经济社会建设需求的符合度，这是课程建设各个环节都必须认真考虑的问题。要贯彻经济社会发展需求导向，凡是过时的陈旧的内容，要坚决删除；凡是不相适应的内容，要坚决进行适应性改造；凡是经济社会发展产生的新需求，要努力开发新课程予以匹配。

与此同时，在课程设置和建设方面要注意防止以下三种倾向：一要防止盲目沿袭传统本科大学课程体系，脱离学校实际和社会需求。特色就是生存力和发展力，所以构建应用型本科教育的课程体系，要牢牢把握应用型本科教育的特质要求，既要凸显类别特色，又要突出同类别内个体的个性特色。二要防止同类后建专业盲目套用先建专业的课程的倾向。每所地方高校都应有自己的特色、自己的优势。尤其是后建的同类专业，更要依据行业业态的新变化、经济社会对人才的新需求，通过构建新的专业方向、新的人才培养路径、新的专业特长等，突出自己的课程特色，形成自己的专业后发优势。即便是借鉴别人的一些成功做法，也要注意结合自己的实际，吸收消化。别人的成功做法都是在特定条件、特定环境下形成的，简单地照搬只能导致失败。三要防止与高职高专教育的雷同化，从高职院校升格而来的地方本科院校更要注意。本科教育和高职高专教育的课程建设，其内容层次如何科学分层设计以及如何有机衔接，不仅涉及学生对同专业层次区别的认同，还涉及高职学历教育与应用型本科学历教育的互通问题，是教育教学改革中的一个重要课题。

（三）教学方式方法无法完全满足多样化学习需求

现阶段，在地方高校中课程的授课方式往往都是以传统的讲授为主。随着技术的发展，现阶段涌现出了线上课程、虚拟仿真课程等一系列新兴的教育教学方式，但是这些方式在地方高校普及率及接纳度相对较低。

究其原因可能有以下几点：首先，资源分配不均，地方高校和部委属高校相比，教育领域的资源分配可能不够合理，导致一些高校无法及时跟上技术创新的步伐，无法提供与时俱进的课程；其次，师资力量和教育理念的不匹配，教师队伍在技术创新方面的素养和理念可能存在差异，导致教学内容和方法相对保守，无法与技术创新保持同步；最后，教学环境和设施条件有限，一些高校可能由于经济、技术等原因，无法提供良好的教学环境和先进的设施条件，限制了课程质量的提升和技术创新的发展。

学校要尊重不同学生在各个方面的学习方式、节奏和偏好上存在差异，传统的本科教学方式方法难以完全满足这些差异化需求，因此为了更好地满足学生的多样化学习需求，可以采取以下措施：

（1）多元化教学策略。教师可以采用不同的教学策略和方法，如讲授、讨论、案例分析、小组合作学习等，以满足不同学生的学习需求。

（2）引入个性化学习。引入信息化手段，借助国家和地方智慧教育平台，积极推动精品线上课程和虚拟仿真实验课程的推广和应用，解决地方高校和部属高校之间资源不均的问题，让学生有机会根据自身的学习特点和兴趣爱好进行学习，提供个性化的学习内容和学习路径。

（3）激发学生主动性，鼓励学生积极参与课堂讨论、研究性学习和实践活动，培养学生的自主学习能力和问题解决能力。

（4）提供丰富的学习资源。为学生提供多样化的学习资源，包括书籍、文献资料、网络资源等，以便学生可以根据自己的需求选择适合自己的学习材料。

三、地方高校课程建设推动手段

2019 年 10 月 31 日，教育部印发《关于一流本科课程建设的实施意见》，提出要在 2019~2021 年建成万门左右国家级和万门左右省级一流本科课程（简称一流本科课程"双万计划"），正式拉开了一流本科课程"双万计划"的序幕。自此以来，淘汰"水课"，打造"金课"，成为国内高校提升本科教学质量的重要抓手。一流本科课程是"以学生为中心"，按照"金课"标准创建的混合式教学新模式。文件中正式提出了"两性一度"的概念，即高阶性、创新性、挑战度。所谓"高阶性"，就是知识能力素质的有机融合，是要培养学生解决复杂问题的综合能力和高级思维。所谓"创新性"，是课程内容反映前沿性和时代性，教学形式呈现先进性和互动性，学习结果具有探究性和个性化。所谓"挑战度"，是指课程有一定难度，需要跳一跳才能够得着，对老师备课和学生课下学习有较高要求。相反,"水课"是低阶性、陈旧性和不用心的课。"两性一度"现在成为所有课程建设质量的标准和度量衡。打造什么样的"金课",教育部吴岩副部长提出了建设五大"金课"目标,包括线下"金课"、线上"金课"、线上线下混合式"金课"、虚拟仿真"金课"和社会实践"金课"。打造"金课",要充分重视课堂教学这一主阵地,努力营造课堂教学热烈氛围。要合理运用现代信息技术手段,积极推进慕课建设与应用,开展基于慕课的线上线下混合式教学。要抓好虚拟仿真实验实训项目建设,开辟"智能+教育"新途径。要抓实两堂社会实践大课,一堂是有温度的国情思政"金课",即"青年红色筑梦之旅",另一堂是有激情的创新创业"金课",即中国"互联网+"大学生创新创业大赛。建设中国"金课",没有旁观者,都是建设者。"金课"建设要在文、理、工、农、医类全面精准发力,特别要在新工科、新医科、新农科、新文科建设中率先发力。要将"金课"落地实施,应该从以下几个方面着力:

(一)分类建设,突出实效

依据学校办学特色、专业定位和人才培养目标分类建设,坚持知识、能力、素质有机融合,培养学生解决复杂问题的综合能力和高级思维。课程按照线上课程、线下课程、线上线下混合式课程、虚拟仿真课程以及社会实践课程五种类型分别建设,内容强调广度和深度,突破习惯性认知模式,培养学生深度分析、大胆质疑、勇于创新的精神和能力。教学内容体现前沿性与时代性,及时将学术研究、科技发展前沿成果引入课程。教学方法体现先进性与互动性,鼓励大力推进现代信息技术与教学深度融合,鼓励并积极引导学生进行探究式与个性化学习。

地方高校多是应用型本科教育,课程教学中应该重综合素质、重基础知识、重实践教学、重能力培养、重职业素养的教育。"五重"中的"重综合素质""重基础知识"反映了本科教育的共性基本特征,"重实践教学""重能力培养""重职业素养"则突出了应用型本科教育的类别个性特征。在讲特质的时候,必须强调重综合素质。重人的全面发展在应用型本科教育中要得到认真贯彻，重基础理论教育这一本科教育基本要求也必须得到坚持，只有这样，学生才会有坚实的发展基础。

1. 走产教融合之路，重视实践能力培养

坚持校企合作、产教融合，走开放式办学之路，是应用型本科人才培养的一大特点。在开放式办学中，以更宽的视野整合社会教育资源，改革育人方式，激发教育活力，从而为培养学生实践能力、拓展学生综合素质提供新的、更有效的平台。这是应用型本科教育的必然选择。

2. 培育创新创业文化，重视创新创业能力培养

重视能力培养有四层含义：一是职业技能培养，职业技能在本科教育中只能算是低层次能力，对高职教育是重点，应用型本科教育也要学习；二是专业核心能力培养，形成在本专业就业领域的就业比较优势，它决定着学生的纵向职业发展能力；三是职业核心能力培养，是一种对学生职业发展起长久作用的能力，它决定着学生的职业横向移动能力；四是创新能力培养，创新能力是一种更高层次的能力，必须有通识教育的坚实支撑。

创新能力是人类的最高层次能力，集中体现在三个方面：好奇心、想象力和批判性思维。好奇心是驱动人类发展的原始动力；想象力可以突破逻辑思维局限，超越现有知识和规范；批判性思维是善于对被广泛接受的结论提出疑问和挑战的能力。应用型本科人才能力培养的重点是专业核心能力、职业核心能力的培养，最高层次是人的创新能力的培养。中国学生与西方国家学生相比，优势是基础知识扎实，整体水平较高。这种知识能力结构在模仿学习追赶期作用明显，而一旦走到科技发展前沿，则显得创新能力不足、发展后劲不足，这与我国教育理念的局限性有很大关系。在构建应用型本科教育时，对学生的能力培养决不能满足于专业技能和专业核心能力的培养，一定要在整个课程体系、实践教学体系、素质拓展体系各个育人环节中重视创新能力培养。

3. 校企有机对接，重视职业素质培养

职业道德是职业素质的核心要求，职业心态、职业理想是职业发展的基

本支撑，职业行为规范是职业素质的外在直观表现，职业基本能力是职业横向移动的核心能力。重职业素质培养是与传统本科教育的重要区别。校企合作、产教融合是培养职业素质的有效平台。

（二）明确标准，质量优先

按照高阶性、创新性、挑战性的要求，遵循国家、市级和校级有关课程建设标准，依据专业定位和建设基础，抓好本科观摩示范课的建、用、学、管。课程设计增加研究性、创新性、综合性内容，加大学生学习投入，科学"增负"，让学生体验"跳一跳才能够得着"的学习挑战。在课程建设过程中，着重关注教学目标、教学方法、课程互动等建设重点及效果，为学生提供更多数量、更高质量和更有特色的课程资源，促进学生知识、能力、素质的全面协调发展，严格考核考试评价，增强学生经过刻苦学习收获能力和素质提高的成就感。着力在提高学生的认可度、参与度和满意度上下功夫，提升学生获得感，打造一批有特色的本科观摩示范课程。

"四新"课程也分别有着不同的建设重点，应该明确每一类课程的建设目标，详细内容如下：

1. 新工科课程建设

基于新工科建设，我们需要引入更多的创新精神和能力、系统思维，加强交叉融合，强调工程认知和创新能力，注重在基础、交叉、引领、创新四个方面进行课程建设。一方面加强理论教学，在课程设置上，可以增设更多有关信息技术、人工智能、大数据、物联网等前沿科技的相关课程；另一方面重视实践能力培养，引导学生主动学习、自主探索，尽可能地参与到科研项目和企业实际问题的解决中，增强学生的创新能力和实战能力。

2. 新农科课程建设

以新农科为例，我们应该坚持问题导向，建立以全球食品安全和农业可持续发展为背景的课程体系。强化生态环境、生物生命、食品营养等多元视角，进行专业交叉融合，实现自然科学与社会科学的有效结合。通过横向交叉、全年制、深度实习、国际化等方式，培训具有全球视野、系统思维和创新创业意识的新一代农业人才。

3. 新医科课程建设

新医科建设应秉持以人为本的原则，关注人类生命健康，强调医学知识与技术的集成创新，重视临床思维和实践技能的培养。除传统的医学课程外，还注重医学与工程、自然科学、人文社科等多学科交叉课程，融入更多的信息科技、人工智能等前沿技术的知识内容，增加真实临床环境的模拟训练，打破传统医学教育的界限，以培养医学综合素质和创新研究能力为主。

4. 新文科课程建设

新文科建设强调人文精神、历史责任、全球视野和创新意识。这需要我们在课程设计中，以解决现实社会问题为导向，注重理论与实践的结合。例如，在课程设置上，除传统的人文社科基础课程外，还要引入多元文化、数字化人文、全球问题等新领域的内容，尽可能提供真实的社会实践机会，更加强调批判性思考、创新意识和跨文化交流能力的培养。

（三）聚焦内涵，扩大影响

注重发挥学校优质特色课程的"品牌效应"和"示范效应"，鼓励教师结合专业特点、借助现代信息技术手段、依托学校优势特色课程，充分挖掘专业内涵、学校历史、校友故事等蕴含的思政元素，拓宽课程思政建设的方法和路径，形成具有学校特色的课程思政建设内容，推动课程思政贯穿于课堂授课、教学研讨、作业论文等各个环节。同时课程要建以致用，增加教学交流与共享，促进教育教学改革和教育制度创新，提高教育教学质量，举办课程建设经验交流会，以点带面，促进全校课程建设。

1. 重视专业核心课程的开发

要重视培养学生的专业核心竞争力。学生专业核心就业竞争力是指具有职场上独特的专业知识、专业能力和专业素质。根据这些特定的职业要求，开发出专业核心课程，包括专业基础课程和专业方向课程。其中专业方向课程更易反映行业新业态对人才知识、能力和素质的新要求，更容易形成学生就业优势。现阶段的应用型本科教育，沿袭传统本科教育课程较多，缺乏符合应用型本科教育特质、有自己鲜明特色、有专业竞争力的核心专业课程。由于尚未设置充分反映社会经济发展特定知识和能力需求的专业核心课程，影响了学生核心就业竞争力的形成。这就导致了两个结果：一是与传统本科教育相比，缺乏自己的课程特点，影响了具有自己特色的课程体系建设；二是其他专业的学生可以轻易在本专业就业领域替代本专业学生，致使本专业学生对所学专业认可度大大降低，也使社会用人单位聘用不到专业知识和专业能力对口的人才，造成教育资源浪费。

要横向联合，坚持开放式课程开发路径。应用型本科教育的特征就决定了开放式开发之路是应用型专业核心课程开发的必由之路，尤其要注意与行业、企业和高水平的社会培训机构合作开发专业核心课程，使专业核心课程在培养学生就业竞争力上发挥更大的作用。同时要积极推进"小班化"教学模式，在教学方法、教学手段、教学形式、考核方法等方面积极探索，采用"以学生为中心"的教学模式，注重课程的高阶性、创新性和挑战度，注重教学设计，注重现代信息技术与教育教学深度融合，注重师生互动、生生互动，注重非标准化、综合性评价，提升教学效果。

2. 加快职业基本素质教育课程开发

这是应用型本科人才培养有别于研究型人才培养的特色课程，是应用型人才培养内在要求的必然选择。职业基本素质教育的重点内容：

（1）对学生进行以诚信为核心的职业道德教育，这是今后职业生涯的基础，是职业素质的灵魂。

（2）进行职业理想和职业心态教育，帮助学生树立勇于从基层做起、勇于吃苦耐劳、勇于坚持的职业精神，不好高骛远的职业心态和做高素质的职业经理人的职业理想。在很多职场上，心态决定职业起步快慢，心态决定职业成败。

（3）进行职业行为规范教育，要特别重视进行职业礼仪、职业纪律教育和日常行为规范养成，这是毕业生素养最直观的外在表现。

（4）进行职业基本能力的培养，特别是职业环境适应能力、团队合作能力、人际交往能力、组织协调能力、信息技术应用能力、职场应用文写作能力等的培养。

（5）就业指导教育和职业规划教育，帮助学生逐步克服就业盲从和就业迷茫，在实践总结与思考中，逐步明晰自己的职业目标、职业起点、发展方向、发展路径。

这些教育是相辅相成、相互支持的。

要特别注意的是，不要把就业教育课等同于职业素质教育课，不要以局部概念代替整体概念。

3. 加速开发创新创业教育课程

要从创业机会、创业风险到创业资源、创业计划，从战略管理营销管理到人力资源管理、财务管理等基本方面，建立相对成熟的创业教育课程体系。一些学校还实践探索出了一套分层教育的模式。如江苏大学打造了"金字塔式"创业教育："塔基"培养，要让100%的大学生接受创新创业素质教育；"塔身"培养，要对30%左右具有创业意愿诉求的大学生实施创新创业培训，使其具有创新创业技能；"塔尖"培养，要创造条件让5%左右具有创业实战诉求的大学生能够自主创业。这样的教育设计比较符合实际，当然这只是一个大体的比例，有2%的学生创业成功也是很大的成绩。在创新创业这样一个严肃的问题上既要积极，也要理性。

要让创业课成为高素质人才的必修课，提高他们的创业意识，要将创业教育融入课程教育体系、实践教学体系、素质拓展教育体系中，形成多方位的教育格局。要推进创业教育与专业教育的深度融合，既要激发学生的创业激情，更要使学生建立创业的理性；既要讲成功的案例，又要讲失败的案例，使学生在时机成熟时自然走上创业之路。

4. 重视学生个性需求的选修课的开发

优化选修课结构、提高选修课质量，这是促进学生个性发展、提高人才培养质量的重要举措。要控制必修课总课时，增加选修课，增加学生自学时间，给学生个性发展以更大的空间。要紧扣行业发展产生的新业态、新理念、新标准、新工艺、新需求、新知识，本着有利于满足学生个性需求和促进个性发展的原则，科学设置专业方向课、专业选修课，提高选修课的质量，发挥选修课功能。在重视专业选修课开发的同时，也要重视人文选修课的开发。

现在的问题是，在一些高校特别是新建高校，师资力量薄弱，可以开发出的选修课不仅数量不多、质量不高，而且课程内容结构也不合理，很难满足学生的个性需求，由此也影响了学生选择选修课的热情，很难发挥选修课在人才培养中的重要作用。学校必须在构建应用型本科课程教育体系中，重视选修课在人才培养中的重要作用，将选修课建设列入课程建设整体规划，加强选修课建设。

（四）推动交叉，实践理论相结合

1. 设立跨学科课程

新工科、新农科、新医科和新文科都呼吁跨学科的教育模式，使学生能够获得多领域的知识和技能。因此，在本科课程建设中，注重设立跨学科类课程，课程内容要融合多学科知识，注重理论与实践相结合，培养学生的跨学科思维和解决实际问题的能力，让学生能够学习到各个学科的重要概念、方法和应用。

2. 强化实践性教学

新工科、新农科、新医科和新文科都强调实践性教学的重要性。因此，在本科课程建设中，可以增加实践性教学的比例，例如开设实验课程、实地考察和社会实习等。通过实践性教学，学生可以更好地将所学知识应用于实际问题的解决上。

3. 加强与行业合作

新工科、新农科、新医科和新文科都强调与行业的紧密结合。因此，在本科课程建设中，可以积极与相关行业、企业和科研机构合作，提供实践机会和实验平台，培养学生的实际操作能力和创新实践能力，开展产学研结合的项目，为学生提供实践机会和职业发展支持。同时，还可以邀请行业专家和企业家来校举办讲座和交流，给学生提供与行业接轨的机会。

在新工科、新农科、新医科和新文科背景下，做好课程建设的意义在于适应当今社会对于复合型、跨学科高素质人才的需求，同时推动教育教学改革、提高教育质量，为国家经济社会发展贡献力量。结合"四新"建设，做好本科课程建设工作，需要注重跨学科教育、实践性教学、创新创业教育、师资队伍建设和与行业合作等方面的工作。通过这些措施的实施，可以培养出具有综合素质和创新能力的高素质人才。

第五章

地方高校"四新"教材体系构建研究

教学必须有可参考的资料，而这只有教材才做得到。教材是传播知识的主要载体，是学校教育教学的基本依据，是党的教育方针贯彻落实的重要途径，体现着国家和民族的价值观体系，具有不可替代性。

一、教材在本科教学中的重要作用

（一）知识传授

教材是教师传授知识的主要工具，通过教材可以将复杂的知识内容系统化、条理化地呈现给学生。教材提供了基础理论知识、实践技能和案例分析等内容，帮助学生掌握所需的专业知识。

（二）学习导向

教材可以起到引导学生学习的作用。教材中的章节安排、内容组织和学习目标设置，可以帮助学生了解学习的重点和难点，指导学生进行有针对性的学习。同时，教材中的示例、练习和思考题，可以激发学生的学习兴趣，提高学习效果。

（三）学科发展和更新

教材反映了学科的最新研究成果和发展动态，能够及时更新教学内容，保持教学的前沿性和实用性。教材的编写需要紧密结合学科领域的发展趋势和实际需求，不断更新知识内容，使学生所学内容始终具有时代性和现实性。

（四）提高学业质量

教材质量的好坏直接关系着学生的学业质量。优秀的教材可以帮助学生更好地理解和掌握知识，提高学习的效果和质量。教材应该具备合理的结构、清晰的逻辑、丰富的案例和实践操作，以及易于理解和吸收的语言风格，以提高学生的学习兴趣和学习动力。

（五）培养综合能力

教材不仅关注知识的传授，还应该注重培养学生的综合能力。通过教材中的案例分析、实践操作、团队合作等内容，可以促进学生的创新思维、实践能力、沟通能力和团队合作能力的培养。

教育部副部长吴岩同志曾经说过，教育教学改革改到实处便是教材。因为培养人的对象是学生，而学生掌握知识一般是从对教材的感知开始，感知越丰富，观念越清晰，形成概念和理解知识就越容易。同时，教材使学生在学习中获得的知识更加系统化、规范化，有助于学生对教师讲解内容的理解和掌握，还便于学生自我学习和提升。

教材内容是精选的，往往很经典，知识自成体系，具有广泛适应性，体现课程的目的和要求；教材的编写具有与其他文本资料不同的独特之处，系统性、层次性强，从理论到实践，又突出理论，或者说实践为了说明理论。教材内容是教师加工的对象，也是学生学习、掌握的对象。教材是教师教和学生学的主要凭借，是教师教学的具体、直接依据。教材可以从方方面面影响教育教学，包括知识传授、学习导向、学科发展和更新、提高学业质量、培养学生的综合能力。优质的教材能够提供有效的学习资源和指导，帮助学生系统地学习和掌握所需的知识和技能，为学生的学习和发展提供重要支持。

二、教材建设现状

中国高校本科教材的历史发展可以追溯到 20 世纪初。在那个时期，中国的高等教育系统开始建立起来，许多大学和学院陆续成立。当时，由于教育资源匮乏和参考资料有限，教师们通常会编写自己的讲义或教材，用于教学和学生学习。随着时间的推移和教育体制的改革，中国高校本科教材的发展经历了几个重要的阶段。

第一个阶段是 20 世纪 40~50 年代。新中国成立后，教育部门开始进行教材的统一规划和编写工作。以毛泽东思想和马克思主义理论为指导，在各学科领域编写了一系列教材，如《哲学原理》《电机与电器》等，以培养社会主义建设所需的人才。这一时期的教材主要由国内教育专家编写，内容偏向理论和基础知识。

第二个阶段是 20 世纪 60~70 年代。这一时期的教材发展受到了社会主义思想和马克思主义理论的影响。许多教材内容被重新调整和修订，加入了社会主义建设的内容。这一时期的教材具有鲜明的政治色彩和思想指导性，强调理论与实践相结合。

第三个阶段是 20 世纪 80~90 年代。改革开放以后，中国开始进行教育体制改革和课程改革，教材建设也得到了重视。各学科教材的编写逐渐恢复正常，中国高等教育开始引进国外先进的技术理念，外国教材的翻译和引进越来越多。此时，本科教材开始向更加专业化、多样化和实用化方向发展。这一时期的教材发展呈现出多样化和专业化的特点。国外引进教材与国内编写的教材一起使用，形成了多元化的教材体系。此外，教材内容也更加注重实践和应用，与行业需求和社会发展相结合。

第四个阶段是 21 世纪以来。随着中国高等教育的快速发展和学科专业领域的扩充，中国高校本科教材的发展进入了一个新的阶段，本科教材的编写工作愈发重要。教材编写在内容、结构和教学方法上更加注重前沿科学研究成果的引入、实践能力的培养、跨学科和综合素质的培养等方面。同时，由于信息技术的发展和网络资源的普及，电子教材和在线学习平台逐渐兴起，为学生提供了更多的学习资源和交互方式。教材编写也更加注重质量和创新，加强了教材的实用性和学科前沿性。尤其是党的十八大以来，中共中央、国务院高度重视教材建设，专门对教材建设做出重大部署。2016年，中共中央办公厅、国务院办公厅印发文件，明确提出完善教材建设表彰激励机制，实施教材建设国家奖励制度。改革开放以来特别是党的十八大以来，我国教材建设取得显著成效，教材内容不断更新，教材质量持续提升，教材门类逐步齐全，教材体系日益完善，育人功能不断增强，涌现出了一大批具有中国特色、适应时代要求、高质量高水平的大中小学优秀教材，为提高教育教学水平和人才培养质量发挥了关键性支撑作用。2019年12月，经批准，正式设立全国教材建设奖，由国家教材委员会主办、教育部承办。教材建设的快速发展为开展评奖提供了现实基础。"十三五"期间，高校教材新增数量达到了4.3万种。涵盖了全部12个学科门类的公共基础课、专业基础课及专业课，可以支持理论课程、实验实践、实习实训等多种课程形式。

三、多元化教材建设的途径

随着科技的进步和经济的发展，教材的建设也应该一刻不停，打破传统思维定式，及时更新教材内容和呈现形式，坚持以科技进步和学科发展为驱动，结合信息技术和人工智能等手段，积极推动教材教育教学改革。

（一）教材内容的多元化

教材是人才培养的主要剧本，很多的教材都是在人才培养和教育教学的过程中经过多年的长期积累形成的，因此具有经典性和普适性的特点。但是由于科技和社会的发展瞬息万变，教材的改革和编写过程又相对较为漫长，因此，现在很多高校存在着使用过时、老旧教材的问题，甚至有些学校还在使用部分问题教材，这就使人才培养的质量大打折扣。因此，要注重教材内容的创新与改革，主要从以下五个方面进行发力：

（1）深入研究教学目标和需求。了解学生的学习需求、未来职业发展趋势和社会需求，并确定教育的目标和方向，判断教材是否与其相一致。

（2）整合跨学科知识。现代社会对于人才的需求不再局限于某一个专业领域，对复合型人才的需要越来越高，因此，教材也不应该仅仅局限于涵盖传统某一学科知识，应该积极探索将不同学科领域的知识相互整合，形成有机的教材内容。通过跨学科的方式，能够促进学生的综合思考和创新能力的培养。

（3）引入实践案例和问题。在教材的使用过程中，除知识的传授和讲解外，如何将理论与实践相结合、助力学生将所学知识用于指导实践是长期以来常常被忽视的问题。因此，教材在编写的时候，应当加强内容与实际应用场景和问题的融合性，通过实验、实地考察、案例分析等方式，让学生能够灵活运用教材内容，提高学生的动手能力和解决问题的能力，增强学习的实效性和可操作性，同时还可以加深学生对科技进步和社会发展的实际理解。

（4）鼓励学生的主动学习和合作学习。教材内容应该设计成能够激发学生的主动学习和合作学习的形式，例如小组讨论、项目实践等，鼓励学生主动思考和探索，培养学生的团队合作和解决问题的能力，提高他们对科技进步和社会发展的主动参与能力。

（5）定期更新和改进教材：教材需要不断更新和修订，以反映科技进步和社会发展的最新成果和趋势。教育部门应该与领域专家、学者和产业界密切合作，及时收集和整理相关信息，确保教材内容准确、全面。同时还应该引入最新的科学技术知识，如人工智能、大数据、云计算等，帮助学生了解和掌握当代科技发展的基本概念和应用。同时，也要关注社会发展的热点话题，如环境保护、可持续发展等，使学生能够了解和思考当前社会面临的挑战并提出解决方案。通过教材的定期更新和改进，就能确保教材内容的时效性和适应性。

（二）教材形式的多元化

随着信息技术的发展，现在涌现出了很多新的教材形态。这些新形态的教材打破了纸质教材的局限性，添加可视性强的动态图例，补充更新实践案例，根据学生个性化发展需求拓展内容，增加了教材的表现力和吸引力，强化了教材的育人功能。

1.常见的新教材形式

（1）数字化教材。数字化教材是将传统纸质教材转换为电子版，以便在计算机或智能手机上进行阅读和学习。数字化教材可以包含丰富的互动元素，如音频、视频、动画和模拟实验等。这类教材具有灵活性强、更新迅速、资源丰富等特点，可以提供丰富的多媒体内容和互动学习功能，使学生更加主动参与学习，并满足个性化学习的需求。可以提供更加生动有趣的学习体验。

（2）开放教材。开放教材指的是由教师、学生或其他专业人员共同创作和维护的教学资源，这些资源以开放授权的方式发布，允许任何人免费使用、修改和分享，具有开放性、共享性和可定制性的特点，可以促进教育资源的共享和创新，降低学习成本，提高教学质量。

（3）个性化教材。个性化教材是根据学生的学习需求和特点进行定制的教材。通过人工智能和大数据分析等技术，个性化教材可以根据学生的学习情况和兴趣，提供适合其个体差异的学习内容和学习方式，以提高学习效果和学习动力。

（4）多媒体教材。多媒体教材利用图像、声音、视频等多种媒体形式，以丰富和直观的方式呈现教学内容。多媒体教材可以增强学习者的感知和理解，提高学习效果，并促进跨学科和跨文化的学习。

（5）异步教材。异步教材是指学生可以根据自己的时间和节奏进行学习的教材形式，与传统的同步教学相对应。异步教材可以通过在线课程、录播课程、电子书等形式呈现，并提供学习指导和反馈机制，使学生能够根据自己的学习进度进行灵活学习。

这些新的教材形式不仅丰富了教学手段和资源，也为学生提供了更加灵活和个性化的学习方式，有助于提高学习效果和培养学生的综合能力。

2. 教材形式多元化的意义

（1）适应学习者差异。学习者在认知、兴趣、学习风格等方面存在差异，通过多元化的教材形式，可以更好地满足不同学习者的需求和特点。例如，对于视觉型学习者，使用图表、图片等形象化的教材可以更好地促进其学习效果；对于听觉型学习者，采用讲解音频或视频等形式会更具吸引力和有效性。

（2）提升学习动机。教材形式的多元化能够激发学习者的兴趣和好奇心，提高他们的学习动机。通过引入多样化的教材形式，如虚拟仿真的实践操作等，可以使学习过程更加生动有趣，激发学习者的主动参与和积极性。

（3）拓宽教学资源。多元化的教材形式可以丰富教学资源的内容和形式。传统的纸质教材难以涵盖所有知识点和案例，而多元化的教材形式可以通过数字化、网络化等手段实现教材资源的共享和更新，为教师和学生提供更加广泛、丰富的学习资源。

（4）增强教学效果。通过多元化的教材形式，可以更好地激发学习者的思维、培养他们的创新能力和问题解决能力。例如，通过案例分析、探究性学习等形式，可以培养学习者的分析思考和解决问题的能力，使他们能够将所学知识应用于实际情境中。

（5）提高教育质量。多元化的教材形式有助于提高教育质量。根据学科特点和学习目标，选择合适的教材形式可以更好地呈现知识内容、激发学生的学习兴趣和参与度，并提高教学效果。这将对学生成绩的提升、学习态度的改善和素质的全面发展产生积极影响。

总之，教材形式的多元化不但能够满足不同学习者的需求，提高学习动机，丰富教学资源，增强教学效果，而且可以满足随时学习的要求，有利于提高教育质量，促进学生全面发展。因此，教育机构和教育者应当积极探索和引入多元化的教材形式，以提升教学质量和促进学生的综合素养。

四、现阶段地方高校教材建设存在的问题

目前地方高校本科教材建设中存在一些问题，主要包括以下几点：

（一）教材更新速度较慢

随着科技和学科的发展，知识更新迅速，但是一些本科教材更新速度跟不上。部分本科教材长期未进行修订，其中的知识点、案例和实践经验可能已经过时。这导致学生学习的内容不能及时反映最新的发展动态，这使学生在学习过程中难以获取最新的行业发展趋势和实践经验，限制了他们的学术研究和职业发展，影响他们的学习效果和应对现实问题的能力。

1. 教材编写和修订的流程较长

教材编写和修订需要经过多个环节，包括调研、撰写、审查、修改等，每个环节都需要耗费一定的时间和人力资源。加上相关机构和专家的审核和审定流程，导致教材的更新速度相对较慢。

2. 教材编写和修订的成本高

教材编写和修订需要投入大量的人力、物力和财力。从调研到撰写再到出版印刷等环节都需要一系列的经费支持。由于投入成本高昂，一些教育机构和出版社可能会对教材的修订持谨慎态度，导致更新速度较慢。

3. 学科发展速度快

随着科技的不断进步，知识更新速度迅猛。教材的编写和修订需要跟随学科发展不断更新，这对教材编写人员提出了较高的要求。因此，教材更新速度无法与学科发展速度完全匹配，导致教材内容相对滞后。

（二）知识结构不够清晰

一些本科教材在组织知识结构时缺乏层次性和逻辑性，导致学生难以厘

清知识框架和内在联系。这给学生的学习带来困扰，使他们很难把握学科的重点和难点。

1. 缺乏系统性规划

一些本科教材可能是根据教师个人经验或主观意识编写的，缺乏系统性的规划和组织，这导致了各章节之间缺乏逻辑联系，知识点之间的衔接不紧密，甚至前后矛盾的情况，这会使学生在学习时难以形成完整的知识框架，难以理解和记忆所学内容。系统性规划还涉及教材的更新与维护。如果教材编写后缺乏持续的更新和维护，那么随着时间的推移，教材中的内容可能会变得过时，无法适应新的学科发展和教学需求。

2. 知识呈现方式不当

教材在呈现知识点时可能过于零散，缺乏层次性和逻辑性。知识点之间的先后顺序、脉络和关联关系没有清晰地表达出来，导致学生难以理解和掌握知识的内在逻辑。

3. 外部要求限制

一些本科教材可能受到教学大纲、考试要求等外部因素的制约，需要在有限的篇幅内尽可能多地覆盖知识点。这导致了教材内容的堆砌和冗余，削弱了知识结构的清晰度。

4. 缺乏实践应用

一些本科教材过于理论化，缺乏实际应用场景的引入。学生往往难以将理论知识与实践结合起来，形成一个有机的知识体系。这会导致学生对知识点的掌握程度不够深入和灵活。

（三）缺乏评价反馈机制

目前，许多本科教材的使用效果没有成熟的评价和反馈机制，无法了解学生对知识结构的掌握情况和困惑点，这使教材难以根据学生的实际需要进行及时调整和优化。本科教材编写和修订缺乏统一的标准和机制。不同学校、学科和出版社之间存在着各自的教材编写和修订标准，缺乏统一的指导和监管。这也导致了教材更新速度的不一致性和滞后性。

（四）教材资源不够丰富

一些本科教材的配套资源比较有限，如习题、实验和案例等。在某些专业领域，尤其是新兴学科或交叉学科，缺乏适合的本科教材。这导致学生在学习这些领域的知识时，难以找到全面、系统的学习资料；一些本科教材过于注重理论知识，缺乏实践环节的设计，这使学生在学习过程中难以将理论知识与实际应用相结合，影响了他们的实践能力和创新精神的培养；缺乏丰富的教学资源使得教师在教学过程中难以采取多样化的教学方法和手段，影响了学生的学习效果和积极性。

针对上述问题，应加强本科教材建设和修订工作，提高教材更新速度和质量，确保教材内容与时俱进。同时，应注重知识结构的合理组织和逻辑性，完善评估方式，多元化教学资源。这将有助于提升本科教育的质量，培养具备应用能力和创新能力的高素质人才。

五、 教材建设的关键指标及推动手段

（一）中国高校本科教材建设的关键指标

（1）适应专业发展和社会需求。高校本科教材建设需要紧密结合专业发展趋势和社会需求，及时更新内容，确保教材的前沿性和实用性。只有通过与最新行业发展同步，才能培养适应社会需求的高素质人才。

（2）知识结构全面而深入。高校本科教材应该具备系统而完整的知识结构，既要涵盖基础理论知识，又要包含实践经验和案例分析，以培养学生的全面素质和解决实际问题的能力。

（3）突出理论与实践相结合。高校本科教材需要将理论知识与实践技能相结合，注重培养学生的实际操作能力和解决实际问题的能力。理论与实践

相结合的教材可以更好地满足学生的学习需求，提高他们的综合素质和创新能力。

（4）注重培养学生的综合素质。高校本科教材应该注重培养学生的综合素质，包括创新能力、团队合作能力、沟通能力等，而不仅仅是传授知识。

（5）强调实用性和可操作性。高校本科教材应该强调实用性和可操作性，帮助学生将所学知识应用于实践，解决实际问题。实用性和可操作性是高校本科教材建设的重要目标，可以提高学生的就业竞争力和实际应用能力。结合现代技术与教学资源，利用现代技术手段，如虚拟实验室、在线教学平台等，丰富教材内容，提供更多的学习资源和互动方式，增强学生的学习兴趣和参与度。

高校本科教材建设的关键性在于适应专业发展和社会需求，构建全面深入的知识体系，突出理论与实践相结合，培养学生的综合素质，以及注重实用性和可操作性。只有通过建设优质教材，才能更好地满足高校本科教育的需求，培养出具有创新能力和实践能力的高素质人才。

（二）教材选择和编写过程中应注意的问题

作为主要的、核心的、不可或缺的参考资料的教材，其知识点的层次性和系统性是其最大的优势。但是，讲课不能完全照着课本的安排自前往后、按部就班，特别是专业技术课程。现在编写、出版教材相对容易，相近甚至相同课程的教材琳琅满目，而事实上，不同的编者，鉴于多方面原因，其擅长的知识、技能点也有差别，对教材内容的选择、编排偏好不同，不同的高校，面向不同培养目标，其课程内容的选择各有侧重，任课教师或教研室在选择教材时的局限性、偏好、个人备课与教学的方便性等方面又是五花八门，因此，教材的编写与选择带来教学内容、方法等的差异性和不确定性。在教材的使用选择和编写的过程中应该重点考虑以下几个方面：

（1）教材内容的准确性和科学性。教材应该反映最新的知识和科学发展，并确保信息的准确性。

（2）教材的完整性和连贯性。教材应该按照系统的课程结构编之间的连贯性，确保学生能够全面地学习和掌握知识。

（3）教材的适应性。教材应该针对不同学生群体的学习需求和特点进行设计，以满足他们的学习需求。

（4）教材的可操作性。教材应该具备明确的教学目标，为教师提供有效的教学方法和资源，使他们能够灵活地运用教材进行教学活动。

（三）加强教材建设的方法

基于以上介绍可知，学生学习、教师授课最重要的参考资料就是教材，如何全面加强教材建设，是高校应该深入思考的问题。

（1）要紧密结合行业需求。在教材建设之前，应该充分调研各个学科的发展趋势和行业需求，进行跨学科的课程设计。及时对科技进步和经济社会发展对相关知识和技能的需求进行准确、全面的梳理。通过与行业专家的合作和调研，了解最新的行业动态和技术变革，将其融入教材中，使教材内容更贴近实际应用。通过将不同学科的相关知识和技能纳入同一门课程中，促使学生在学习过程中形成复合型和应用型思维方式。同时，教师也需要进行相应的培训，提高他们服务社会的能力，能够更好地引导学生进行学科交叉融合的学习。

（2）要强化跨学科融合。新工科、新文科、新医科和新农科的发展都涉及多个学科的融合。在编写教材时，确定明确的跨学科目标，明确要融入哪些学科内容。这有助于确保教材设计的一致性和广泛性。在设计每个单元或章节时，将多个学科的相关知识有机地融入教材中。通过交叉引用、示例分析、问题探究等方式，让学生能够看到不同学科之间的联系和相互作用。可以通过设计交叉学科的案例、实验、问题等，例如，在新农科教材中可以涵盖农业生物技术、环境保护、经济管理等多个学科内容，培养学生的综合能力。这样可以激发学生的跨学科思维，让他们能够将不同学科的知识进行有机结合。教师之间进行跨学科合作，共同编写教材或者设计教学活动，互相借鉴和补充彼此的专业知识，为学生创造更丰富的学习体验。学校可以建立跨学科研究平台，提供交流、合作的空间和机会。通过跨学科研究平台的建设，可以促进不同学科专业之间的互动与合作，创造出更多的优质教材、教学资源等成果，进一步推动学科交叉融合的发展。

（3）要引入实践案例和项目。教材建设应该加强实践案例和项目的引入，帮助学生将理论知识与实际应用相结合。通过实践案例和项目的学习，学生可以更好地理解和运用所学知识，并培养问题解决和创新思维能力。例如，在新医科教材中可以引入真实病例、临床实习等内容，让学生通过模拟实践来提高临床技能。教师要在备课和讲授过程中对教材进行深加工。尤其是培养应用型技术人才的专业技术课程，常常使用案例式教学，就是把课程划分成独立的知识模块，每个模块由一个（或多个）精选案例牵引，以案例作为理论知识与工程技术的载体，对每个案例，以"背景需求→设计目标→技术原理→结构组成→功能特性工程应用"为脉络构建课件内容结构与素材体系，在真实或模拟的工程环境中，采用讲座、研讨、展示、参与的形式，通过师生互动，教、学、做相融合，实现教学过程中的自主、协作、探究与尝试，使学生不仅学习掌握基础理论知识，也间接或直接获得工程实践知识，理解从理论知识到工程实践的过程，实现从理论到工程实践的转化与创新创业能力的深层次培养。

（4）要强化信息化支持。随着信息技术的不断发展，教材建设也需要借助信息化手段提供更全面、可交互的学习资源。教材可以结合多媒体、虚拟实验、在线课程等形式，为学生提供更丰富的学习体验。同时，教材建设还应关注数字资源的开发和管理，为学生提供便捷的学习工具。

（5）要加强评估和反馈机制。在教材建设过程中，需要建立科学的评估和反馈机制，了解学生对教材内容的理解和学习效果。根据评估结果，及时更新教材，确保教材与学生需求的契合度。

加强本科教材建设，意义深远，直接关系着本科人才培养的质量。尤其是对地方高校来讲，教材的适合度与学生的学习效果密切相关，因此所有的教材建设与选用，必须以习近平新时代中国特色社会主义思想为指导，认真贯彻习近平总书记关于教材工作的重要指示精神，鼓励建设一批扎根中国大地、立足中国实践、总结中国经验、彰显中国特色、思想理论和观点方法等具有原创性、育人成效显著的优质教材。

新工科、新农科、新医科和新文科的建设要求学科之间的交叉融合与协同发展，因此教材建设也必须紧跟国际学术前沿和时代发展步伐，教材内容要有效服务于国家战略和经济社会发展对人才培养的需要；鼓励建设适应信息社会发展要求，内容形式创新、教学效果好的教材；鼓励各方面加大教材建设力度，吸引更多优秀人才投入教材工作。从教材的编写和选择上重视交叉融合，这样可以打破学科壁垒，培养学生的创新思维、批判思维和问题解决能力，丰富学生的知识结构和视野。通过加强本科教材建设，推动教材内容的优化升级，增加学生的学习兴趣和参与度，激发学生的学习热情，从而提高教学效果和学生的学习成绩，培养具有跨学科思维和能力的综合型人才。

第六章

适应"四新"建设需求的优质师资队伍建设路径研究

党的十八大以来，中共中央、国务院坚持把教师队伍建设作为基础工作。习近平总书记始终心系广大教师，对教师队伍建设做出了系列重要指示，强调教师是立教之本、兴教之源，号召广大教师要做"四有"好老师、"四个引路人"。各地区各部门深入贯彻落实习近平总书记关于教育的重要论述，大力推进高素质专业化创新型教师队伍建设，教师工作取得了历史性成就，教师队伍整体面貌发生了格局性变化，优秀人才争相从教、教师人人尽展其才、好教师不断涌现的良好局面基本形成。

一、高校高质量师资队伍建设的重要性

习近平总书记提出，国家繁荣、民族振兴、教育发展，需要我们大力培养造就一支高素质专业化教师队伍。高校的四大基本职能是人才培养、科学研究、社会服务、文化传承创新，这四大职能的完成全部都离不开良好的师资队伍。地方高校是我国高等教育体系的重要组成部分，为社会经济发展提供了大量的技术和人才支持。近年来，随着地方高校的快速发展，对师资队伍的需求也越来越大。在大力倡导新工科、新农科、新医科、新文科的背景下，高校高质量师资队伍的建设显得愈发重要，这主要体现在以下几个方面：

（1）适应社会发展需求。"四新"的核心内容是创新，而创新教育的关

键在于创新型人才的培养，而这则需要由高素质的教师队伍来完成。教师的素质和能力直接影响到"四新"培养目标的实现。

（2）提升高等教育质量。"四新"就是将传统学科知识与现代产业技术相结合的新兴学科，这种新兴学科更加注重实践和创新能力的培养。因此，高素质的师资队伍是提升这些新兴学科教学质量的关键。

（3）促进学科发展。"四新"的发展需要有一支理论素养深厚，熟悉现代产业技术，具有创新精神和实践能力的教师队伍。只有这样，才能引导学科向着更加深入、宽广的方向发展，推动学科交叉融合。

（4）推动科研创新。高校师资队伍是科学研究的主要开展者和推动者。拥有高水平的师资队伍意味着学校具备了更多科学研究的能力和条件，能够进行更深入的学术探索和创新研究，推动学科领域的进步和学术成果的产出。

（5）增强社会服务能力。高校教师在专业领域具有一定的社会服务能力，可以为社会提供专业咨询、技术服务，以及参与社会实践等。高水平的师资队伍能够通过开展科研成果转化、产业合作、社会项目等方式，为社会经济发展和社会问题解决提供更多的支持和帮助。

（6）提升人才培养质量。高校师资队伍是实施人才培养的核心力量，其素质和水平直接影响着教育教学质量。优秀的师资队伍能够提供丰富的学科知识和专业技能培养，引领学生掌握前沿知识和应用能力，不断提升人才培养的质量。

十多年来，教师思想政治和师德师风建设持续强化。习近平总书记强调，评价教师队伍素质的第一标准是师德师风。出台新时代教师行为十项准则、加强和改进新时代师德师风建设的意见等各种政策，师德建设步入了制度化、规范化、法治化的轨道。成立全国师德师风建设专家委员会，打造师德师风建设基地，持续举办教师国情研修班，推进师德教育走向常态化。落实师德师风第一标准要求，推行负面清单和师德严重违规全行业禁止准入制度。

因此，高校师资队伍建设对于提高人才培养质量、推动科学研究创新、提升学校学术影响力及增强社会服务能力都具有重要的意义。高校应该重视师资队伍建设，加大对教师的培养和引进力度，提供更好的发展条件和环境，吸引和留住优秀的教师人才。

服务国家战略,加强高校教师队伍建设,提升高端紧缺专业教师队伍的储备和支持。这里特别强调,要推动高校扩大博士后招收培养的数量,将博士后人员作为补充师资的重要来源。深化高校教师职称制度改革,推动高校完善评价标准,创新评价机制,实施分类评价,充分激发高校教师的积极性和创造性。

三、当前我国师资队伍建设的现状

(一)教师数量与质量现状

自改革开放以来,中国高等教育经历了快速发展的阶段,高校的扩招政策使得高校招生规模不断扩大,从而需要更多的教师来满足教学需求。因此,高校教师的总人数逐年增加。但是地方高校不同于部属高校,在师资队伍建设方面,由于教育资源的不均衡,导致现状也大不相同。

从数量来看,我国地方高校的教师数量相对较多,在数量上并不是短缺的状态。根据统计数据,截至目前,在全国各地方高校中,教师总数已经达到了一个较高的水平。教育部 2021 年官方数据显示,高校硕士研究生导师从 22.9 万人增加到 42.4 万人,博士研究生导师从 6.9 万人增加到 13.2 万人。这支规模宏大的高素质专业化的教师队伍,成了支撑世界上最大规模教育体系的"大国良师"。但是需要注意的是,教师数量的多少并不代表教师的质量和能力,在一些专业和领域,由于而一些地区和学校教师数量充足,但教师队伍的素质和结构仍需进一步优化。

从质量上来看,高校教师队伍的质量也在不断提高。近年来,国家对高等教育的重视程度日益增强,加大了对高校教师的培养和引进力度。对高校教师的专业背景、学术成果、教学水平等方面的要求也越来越高。很多优秀的研究人员、行业专家和国外的留学归国人员纷纷加入了高校教师队伍,为高校的人才队伍注入了新的血液。地方高校开始注重提升教师的职称水平和教学能力，加强师资队伍建设。一些老师通过进修、攻读硕士、博士学位等方式提升自己的学历和专业水平。同时，一些优秀的年轻教师得到了更多的培养机会，他们在科研和教学方面展现出了很大的潜力。但是地方高校在教师培养和引进方面还存在一些问题。一方面，由于经费、条件等限制，地方高校在教师培养方面相对有所欠缺，导致一些教师的专业素养和教学能力有待进一步提高。另一方面，由于地方高校相对于中央高校在知名度和资源上的差距，吸引和留住高水平的骨干教师也存在较大的困难。

（二）教师队伍结构现状

目前，在教育部各方的努力下，地方高校的师资队伍逐渐趋于合理，但是在年龄、性别、学历和职称等方面仍存在着存在一定的问题。现阶段地方高校教师队伍的结构现状如下：

（1）学历结构逐渐提高。随着高等教育的普及和发展，高校对教师的学历要求也越来越高。目前，许多高校在招聘教师时普遍要求具有硕士学位或博士学位，并且更加倾向于招聘具有博士学位的人才。随着高学历教师比例的逐渐上升，带来了一系列的影响。首先，知识更新速度更快了，随着科学技术的不断进步和学科知识的不断更新，高校需要教师具备较高的学术素养和研究能力，以便能够跟上最新的研究动态并将其传授给学生；其次，教学质量得到增强，高学历的教师通常在专业知识、教育理论和教学方法方面更加熟练和优秀，能够给学生提供更好的教学体验和更高质量的教学；最后，促进了学术研究，高学历的教师更有可能参与学术研究项目，并取得研究成果，这对于提升学校的学术声誉和影响力非常重要。为了逐步提高高校教师队伍的学历结构，各个高校在教师招聘上都更加重视学历背景，并且鼓励现有教师提高自身的学历水平。这将进一步提升高校教师队伍的整体素质，推动高等教育的发展。但是不同类型的地方高校，在有博士学位教师的比例上存在着大相径庭的现象，发达地区的部分优质高校，博士学位教师的比例相对较高并处于持续升高的阶段，但是一些欠发达地区的普通高校，硕士研究生和博士研究生的教师比例相对较低。

（2）职称结构不断完善。职称制度是高校教师评价和选拔的重要依据，也是教师个人成长和晋升的重要途径。随着高等教育的发展、对教师素质要求的提高和高校教师队伍的发展需要，职称结构逐渐得到改善。目前，高校在职称评审中一般设置了助教、讲师、副教授和教授等职称，并在不同职称之间设置了一定的晋升条件和评审标准。这些标准通常包括教学质量、科研成果、学术影响力、专业知识和学术服务等方面的考核。通过不断完善职称制度，高校可以更好地选拔和培养优秀的教师人才，推动高等教育事业的健康发展。同时，这也为教师个人提供了更多的晋升机会和发展空间，激励他们在教学、科研和学术服务方面取得更加突出的成绩。通过评审晋升职称，教师还可以得到更高的职务和待遇，同时也能更好地发挥自己的专业能力和学术影响力。现阶段，拥有高级职称（如教授、副教授）的比例逐年增加，这对提高高校教师的学术地位和权威性非常重要，但是针对一些基础类学科专业，高级职称教师的比例仍然相对较低，有很大的提升空间。

（3）学科结构多元化。随着社会发展和科技进步的不断推动，高等教育领域对不同学科的需求也在不断增加。为了适应这种需求变化，高校教师队伍逐渐向多学科方向进行了调整和优化。首先，高校在招聘和选拔教师时，注重学科结构的合理布局，不再局限于传统的文、理、工科，而是开拓了更多的学科领域，如社会科学、经济管理、艺术与设计、医学与生命科学等。这样一来，可以满足学生多元化的学科兴趣和需求，提供更广泛的学科选择。其次，高校鼓励教师跨学科研究和合作。多学科的交叉融合有助于创新和知识的突破。教师们被鼓励参与跨学科的研究项目，与其他学科领域的教师合作开展教学和科研活动。这种合作模式能够促进学科之间的互补和交流，提高教师队伍整体的学术水平。最后，高校加强了学科建设和发展的支持力度。不同学科的教师可以共享很多的学术资源、实验设备以及研究资金等，从而更好地开展教学和科研工作。高校还鼓励教师参与学科竞赛和学术交流活动，提高学术影响力和声誉，并有助于推动学科的发展，促进更广泛的学术研究和跨学科交叉合作。但是，很多学校还存在着学科定位不准确、盲目发展的现象，例如，部分学科领域的专业技术骨干和高层次人才相对较少，一些学科门类的教师队伍相对薄弱。在学科结构的配置上，存在一些偏重于某些专业而忽视其他学科的情况，这可能导致学科建设不均衡。

（4）年龄结构仍存在问题。高校教师队伍的年龄结构相对不平衡，一些老年和中青年教师比重过高，高学历、高职称教师比重低。随着高校教师队伍中一大批老师逐渐进入退休年龄，可能出现年龄结构老龄化的情况。年轻教师的数量相对较少，这可能导致高校教师队伍的年龄结构失衡。年轻教师具有新鲜的知识和激情，能够给教学和科研活动带来新的活力和创新思路。因此，缺乏年轻教师可能会影响高校教育的发展。一些年轻有潜力的教师可能会因为种种原因选择离开高校，在其他行业或者海外发展。这种人才流失可能会导致年轻教师的稀缺性问题进一步加剧，这种现象在地方高校中更为常见。这可能导致部分学科领域教师数量不足，影响到教学和科研水平的提升。一方面，一些老年教师仍在继续从事教学工作，这对传承学科经验和保持学术传统有一定的好处；另一方面，一些中层骨干教师数量较少，需要进一步引进和培养新的教师力量。

（5）人才引进与培养不平衡。高校在引进人才时，可能存在引进机制不完善，缺乏科学、公正和透明的评价标准和流程。这可能导致一些优秀的人才无法得到重视和机会，同时也可能引进了一些水平不高的人才。高校在教师人才培养方面，如果没有建立完善的培养计划和机制，无法将年轻教师培养成为高水平、有潜力的教学科研骨干，缺乏有效的培养体系可能导致人才培养不平衡。高校在资源分配方面还可能存在不均衡的现象，导致一些学科或领域的教师引进和培养受到限制。这可能导致某些领域的人才供给紧张，而其他领域则面临人才过剩的情况。针对这些问题，地方高校一方面需要加大对于优秀教师的引进力度，吸引国内外知名学者加入高校教师队伍；另一方面应注重加强青年教师培养，提供更多机会和支持，培养新一代高水平人才。

（三）教师培养与发展现状

在教师的发展中，专业技能与综合素质的培养现在处于并重的阶段，培养教师不再仅仅局限于学术研究和教学能力的提升，综合素质的培养也越来越重要。高校注重培养教师的教学设计能力、创新能力、团队合作能力等，这包括培养他们进行前沿科研、科研团队合作、跨学科交叉研究等能力，使其具备更全面的素质。高校教师的发展路径更加灵活。过去，高校教师的职业发展路径较为固定，普遍是从讲师晋升至副教授、教授。而如今，高校教师的职业发展路径更加灵活，可以有更多的选择，例如科研人员、行政管理人员等。

但是问题仍然存在，比如教师职业发展瓶颈。除了极少数的教师有机会获得管理层面的晋升，大部分教师都面临着职业发展的瓶颈。尤其是很多欠发达地区的地方高校，教师的职业发展机会不足，教师流动性较大，不能形成较为稳定的师资队伍。同时，教师的职业发展受到多种因素的影响，如政策、管理机制、评价体系等，这些制度的制定和实行也影响着教师队伍的进一步发展。

三、"四新"背景下师资队伍建设的能力需求

"四新"的提出，对传统的师资队伍建设提出了更高的要求和挑战，为了应对这些挑战，相关教育部门和高校应该积极采取有效的措施，促进教师队伍的专业素质的提升。

（一）跨学科能力需求

新工科、新农科、新医科和新文科强调跨学科的融合和合作，师资队伍建设同样也要满足跨学科需求。这些新科学领域强调不同学科之间的交叉与融合，要求教师具备多领域的知识和技能，以及跨学科研究和教学的能力，才可以更好地应对复杂的问题和挑战。这对传统的学科师资队伍提出了新的要求。

（1）提升跨学科交叉能力。教师应具备多学科的知识和理解能力，能够

将不同学科的理论和方法有机地结合起来。他们需要了解不同学科的基本概念和原理，并能够在教学过程中进行有针对性的学科交叉，培养学生综合运用知识的能力。

（2）增加跨学科研究能力。教师需要具备开展跨学科研究的能力，能够整合不同学科的研究方法和理论，探索解决复杂问题的途径。他们应积极参与跨学科研究项目，与其他学科领域的专家合作，推动学科交叉的深入发展。

（3）拓展教学团队协作能力。新学科领域的教育教学更加注重团队合作和集体智慧。师资队伍需要具备良好的协作能力，能够与其他学科领域的教师、研究者和实践者进行合作，共同设计和实施跨学科的教学项目和课程。

（4）培养跨学科思维能力。鼓励教师在教学过程中进行跨学科教学实践，将不同学科的理论和方法有机结合起来。这可以通过设计跨学科的教学项目、开设跨学科的课程和探索跨学科教学方法等方式实现。通过实践经验，教师能够更好地理解如何培养学生的综合运用和创新能力。教师应鼓励学生形成跨学科的思维方式，培养学生的跨学科思维能力。引导学生关注问题的多个方面，跳出单一学科的局限性，提倡综合思考和综合应用知识的能力。

（二）实践经验需求

新工科、新农科、新医科和新文科注重实践教育和实践能力培养，要求教师具备丰富的实践经验和实践教学能力。但传统师资队伍中，一些教师可能缺乏实践经验，影响到授课效果，因此要主动提升教师的实践能力，加强教师队伍与企业合作和产业对接。

（1）建立校企合作机制。学校应该与企业建立稳定的合作关系，并建立校企合作的机制和平台。可以成立校企合作办公室或委员会，负责组织、协调和推动校企合作项目的开展。

（2）实施行业导师制度。学校可以邀请来自不同行业的专业人士担任学生的行业导师，在学生的专业学习和实践过程中提供指导和支持。这样可以增加教师队伍与企业之间的联系，促进教学内容与实际产业需求的对接。

（3）开设双向实习和就业培训。学校可以与企业合作，为学生提供实习机会，并开设相应的实习课程和就业培训。通过与企业的紧密合作，教师可以更好地了解行业发展趋势和需求，将这些知识纳入课程设计和教学中，提高教学的实践性和职业化。

（4）推动产学研合作项目。学校可以与企业共同申请科研项目，并开展产学研合作。通过教师与企业研发人员的合作，可以促进科技成果的转化和应用，提高教师队伍的科研水平和实践经验。

（5）建立产业咨询机构。学校可以设立产业咨询机构，为企业提供专业咨询服务，并将教师作为专家咨询人员派驻其中。这样可以加强教师与企业的互动和交流，深入了解企业的需求和问题，为教师提供更多实践经验和案例素材。

（三）教师教学方法创新能力需求

新工科、新农科、新医科和新文科倡导教学方法的创新和变革，强调学生参与和自主学习。传统师资队伍中，一些教师可能习惯传统的教学方式。需要转变教学观念，学习和使用新的教学方法和技术，提高互动式、问题导向的教学能力，以适应不断变化的社会需求和学生的发展需求。

（1）探索多元化的教学方法。传统的教学方法可能无法完全满足学生的需求，教师可以尝试引入多元化的教学方法，如案例教学、项目制学习、合作学习、游戏化教学等，以激发学生的兴趣和主动性。

（2）引入信息技术支持教学。信息技术在今天的教育中扮演着重要的角色，教师可以利用多媒体教学资源、在线学习平台、教育 App 等，提供更丰富、互动性更强的教学内容，增强学生的学习体验和参与度。

（3）提倡问题导向的学习。新科学科的学习更加注重解决实际问题，教师可以设计问题驱动的学习任务，让学生在解决问题的过程中获得知识和技能，并培养解决问题的能力和创新思维。

（4）鼓励跨学科合作。新学科往往涉及多个学科的知识和技能，教师可以组织跨学科的合作项目或团队，让学生通过合作交流，将各学科知识进行整合和应用，培养综合素质和创新能力。

（5）培养实践能力和职业素养。新学科更加注重实践能力和职业素养的培养，教师可以鼓励学生参与实践活动、实习实训等，提升他们的实际操作能力和职业素养，使他们具备更好的适应能力和竞争力。

（四）跨越地区差异的能力需求

新工科、新农科、新医科和新文科在不同地区的发展水平和方向可能存在差异。一些地区对某一学科领域的需求更大，师资队伍的建设需根据当地的实际情况进行补充和调整，满足地方经济和社会发展的需求。

（1）加强师资培训。为了提升教师队伍的整体素质和能力，可以通过加强师资培训来提升教师的专业水平和教学能力。这包括组织专业培训班、开展教学观摩交流、制订培训计划等。

（2）加强地方政府支持。地方政府应该加大对教育事业的支持力度，加大投入，提高教师的待遇，改善教学条件，吸引更多人才从事教育工作。

（3）建立教育资源共享机制。各地教育部门可以建立起教育资源共享的机制，通过共享优质教材、教学资源和教学经验，弥补地区差异，提高教师队伍整体素质。

（4）加强跨地区交流合作。不同地区之间可以开展教师交流与合作，组织教师互访、学术研讨会等活动，促进各地教师之间的互相学习和借鉴。

（五）保持科研与教学平衡的能力需求

新工科、新农科、新医科和新文科要求教师具备科研能力和教学能力。传统师资队伍中，一些教师可能偏重于科研，教学能力相对较弱，或者相反。因此，需要加强教师的综合能力培养，平衡科研和教学的关系。

（1）合理分配时间。教师应合理规划时间，确保既有足够的时间从事科研工作，又能保证高质量的教学。可以通过设定固定的科研时间段，合理安排教学任务和科研计划，以确保两者的平衡。

（2）科研与教学相互促进。科研和教学并不是独立的，它们可以相互促进和补充。教学实践中的问题和挑战可以成为科研的动力，科研成果可用于丰富教学内容和提升教学效果。教师可以通过科研项目申报、课程改革等方式将科研和教学结合起来。

（3）团队合作与分工。教师可以与同行合作，形成科研团队或教学团队，共同承担科研和教学任务。通过团队合作，可以有效分工，提高效率，减轻个人压力，更好地平衡科研和教学。

（4）科研与教学评价并重。学校和教育部门可以在评价教师绩效时，既重视教学质量，又兼顾科研成果。鼓励教师在科研和教学方面取得突出成绩，并为其提供适当的激励措施。

（5）提供支持和资源。学校和社会应为教师提供良好的科研条件和教学资源，包括实验室设备、图书馆资源、科研经费等。同时，为教师提供专业的培训和指导，提升其科研和教学能力。

需要强调的是，科研和教学平衡是一个个体化的问题，每个教师都需要根据自身的情况和特点来进行灵活的调整。同时，学校和教育管理部门也需要制定相应的政策和措施，为教师提供良好的工作环境和支持，共同推动科研与教学的平衡发展。

四、"四新"背景下师资队伍建设的策略研究

（一）专业化培养和引进

针对新工科、新农科、新医科和新文科的需求，学校可以加强对教师的专业化培养和引进，加强教师的专业发展和职业成长。通过持续的学习培训、研究项目支持等方式，提升教师的学术水平和教学能力，使其具备更好的专业素养和教育理念。同时，建立健全的评价机制，激励教师积极参与专业发展，形成良好的专业文化氛围。还要为教师提供实践机会，促进产教融合、专业融通，使教师具备深厚的跨学科知识和专业技能。

（二）跨学科合作和团队建设

"四新"背景下，教学与科研的跨学科合作十分重要。学校可以鼓励教师之间的互助合作，组建跨学科的教学团队和科研团队，共同承担教学和科研任务。同时，还应该鼓励校企合作，进一步提高校企人才双向互动的流动性。持续开展兼职教师特聘岗位计划，探索行业企业高端人才引进机制和支持机制，鼓励引导企业的高技能人才、退休工程师、退休工匠等到校兼职从教。此外，还可以通过与企业、研究机构等合作，引入专业人士参与教学和科研工作。

（三）持续职业发展支持

在"四新"背景下，教师需要不断更新知识和技能，以适应快速变化的社会需求。由于教师的教学能力形成需要教师个体、教师团体和学校在内的多方面的共同努力，所以教师教学能力形成的机制非常复杂，提升过程缓慢。"四新"的提出对教师队伍素质提出了更高的要求，其师资力量除了需要具备更丰富的教学能力，还需要具有适合于培养高层次应用型复合人才的特殊的教学能力，因此寻找科学、有效的方法和途径提升地方本科高校教师的教学能力应成为教师发展的核心内容。学校可以提供持续的职业发展支持，如学术会议、短期培训、进修学习等，鼓励教师参与学术交流和专业发展活动，提高其教学和科研水平。

（四）激励机制建设

学校可以建立合理的激励机制，激励教师积极从事科研和提高教学质量。合理规划教师队伍布局，改革聘任和薪酬制度，构建起新的聘任标准、评价标准、薪酬机制，有利于教师队伍整体转型，有利于强化"四新"背景下本科教师队伍特色。例如，设立科研奖励、教学成果奖励等，给予教师物质和荣誉上的肯定，激发其积极性和创造力。

（五）教师评价体系改革

对于"四新"背景下的教师评价，应该既注重教学能力的评价，又兼顾科研能力的评价。可以通过建立多维度的评价指标体系，包括教学效果、学术成果、教材编写等，全面评估教师的综合能力，重视标准的个性要求。与研究型本科教师队伍相比，应用型本科教师队伍由于其承担的本科人才培养类别不同，就决定了其不同的知识能力结构要求，而这些个性要求决定了其聘任标准的个性化。最重要的是，要把行业背景和受此影响的教育理念、知识能力结构作为专业教师发展的核心要素，积极推动教师到企业锻炼和挂职工作，强化教师职业实践经历和专业实践能力，这样就能给予学生深厚专业背景和深厚行业背景的专业教育、职业发展指导和职场交际能力指导，而不是简单的知识传授，更不是按既有计划、既有教材照本宣科。

创新能力、专业能力、技术开发应用能力和实践学习总结能力的培养是高校育人的目的，无论是新工科、新农科、新医科还是新文科领域，师资队伍的建设都是教育事业发展的基础和保障，学校应该加强对教师队伍的培养和引进工作，尤其是"四新"背景下的师资队伍建设，更是需要综合考虑教师的专业化培养、跨学科合作、持续发展支持、激励机制和评价体系改革等因素。学校要积极推动教师队伍与企业的合作和产业的对接，提高教学和研究内容的实际应用性，不断提升教师的综合素质和能力，推动学校学科发展和人才培养的效果。

第七章
本科教学管理现代化建设研究

　　教育管理是指教育者通过组织、协调教育队伍，充分发挥教育人力、财力、物力等信息的作用，利用教育内部各种有利条件，高效率实现教育管理目标的活动过程。学校管理理念、管理制度的制定和执行是学校综合改革的风向标，管理改革既要着眼于为综合改革护航，也要着眼于构建公共服务管理育人体系，发挥服务管理育人的功能。教育管理是一种对校内资源和教育发展的模式进行宏观调整，让高校各个方面的动力因素能够处在正确位置，积极发挥出其作用优势的管理办法。

　　目前，我国已经进入各方面发展的新形势，信息技术的飞速发展，令国内各个行业都已经朝向技术方面优化转型，社会对高校人才能力的具体要求便也越发复杂。这意味着高校所面对的人才培养难度骤然提升。

　　随着信息技术的不断发展和应用，传统的教学管理方式已经无法满足高校教学工作的需求，迫切需要引入现代化的管理手段来提升教学质量、优化教学管理流程，并更好地适应当今时代的教育发展。高校需进一步优化教育管理模式，令教育管理能够继续保障高校各部分业务正常开展，保障高校在管理及教育方面的指令能够妥善执行，借助信息化手段，搭建信息化的教学管理流程，这将有助于提高教学质量，优化教学管理，适应当今时代的教育需求。这样，高校才能更好地适应教育发展趋势，提升办学水平。

一、本科教学管理现代化建设的必要性

1. 适应时代发展

随着社会经济的不断发展和科技的快速进步，高校需要与时俱进，适应新时代对本科教育的需求。通过现代化建设，可以引入先进的教育理念、教学方法和教学资源，提升教学质量和教学效果。

2. 提高教学效率

现代化的教学管理系统可以实现教学过程的信息化、数字化和智能化，提高教学资源的利用效率和教学流程的管理效率。教师可以更好地制订教学计划和进行教学设计，学生可以更便捷地获取学习资源和提交作业，教学管理部门可以更加高效地进行教学监控和评估。

3. 优化教学资源

通过建设现代化的教学管理系统，可以实现教学资源的共享和整合，避免资源的重复建设和浪费。教师可以共享教学设计和教学案例，学生可以共享学习资料和学习经验，教学管理部门可以统一管理和分配教学资源，提高资源的有效利用率。

4. 加强质量监控

现代化的教学管理系统可以提供全方位的数据统计和分析功能，帮助高校进行教学质量的监控和评估。通过对学生学习情况、教师授课效果和教学资源利用情况等数据的分析，可以及时发现问题、解决问题，提升教学质量。

5. 推动终身学习

现代化的教学管理系统可以打破时间和空间的限制，实现教育的个性化和灵活化。通过在线学习平台和资源库，学生和教师可以随时随地获取学习资源和进行学习交流，促进了终身学习的理念和实践。

总而言之，高校本科教学管理现代化建设的必要性是基于时代的要求和教育发展的需要，通过建设现代化的教学管理系统，可以提高教学质量、优化资源利用、加强质量监控，进而推动教育的发展和学生成长。

二、我国本科教学管理的发展历程

中国本科教学管理制度的发展历程可以追溯到新中国成立之初，那时的本科教育的管理主要由中央和地方政府负责，通过国家设立高等教育机构、编制教学计划和招生制度来管理，那时的管理相当宏观。

从新中国成立初期直到 20 世纪 60 年代初，主要体现在学籍管理制度建设上，教育部开始以"指示""复函"的方式对原有高校学生管理制度中的一系列问题进行扬弃，并通过颁布规范文件来予以重新建构。例如，1950 年颁布的《高等学校暂行规程》，做出所有学生都要参加高考统一入学的规定，1951 年发布了《教育部关于高等学校 1951 年暑期招考转学生办法》，1954 年制定了"休学、缓修、免修"的规定，1958 年发布了《高等学校课程考试和考查规程》，1960 年发布了《关于处理高等学校学生转专业、转学、休学、复学、退学等问题的规定》。直至 1966 年以前，在这一阶段我国高校学生管理制度仅仅是从学籍管理的某一方面做了些单项的或某一方面的规定。

改革开放以后，中国本科教育得到了迅猛发展。在 1993 年，国务院颁布了《普通高等学校本科教育工作条例》，明确了本科教育的管理原则和政策。此后，本科教育管理逐渐规范化，包括教学大纲的制定、课程设置、招生与录取、教师评聘等方面都有了明确的规定和制度。近年来，随着社会经济的快速发展和高等教育的大众化，中国本科教学管理制度也在不断完善和调整。特别是在质量评估、学科建设、实践教学等方面进行了一系列的改革和创新，以适应社会需求和培养具备创新能力和实践能力的人才。

《高等学校教学管理要点》（教育部教高司〔1998〕33 号）文件的发布是一个重要历史节点，这个文件明确规定了高校教学工作的地位，教学管理的基本内容、基本任务、基本方法、支持保障系统，教学投入与教学条件以及教学管理制度改革等方面的内容，具体阐述了教学计划管理、教学运行管理、教学质量管理与评价、教学基本建设管理、教学管理组织系统以及教学管理与教育研究等方面的问题，尤其是详细说明了教学计划，教学大纲，课堂教学环节，实践教学环节，日常教学管理，学籍管理，教师工作管理，教学资源管理，教学档案管理，招生过程质量管理，计划实施过程质量管理，教学过程质量管理，教学辅助过程质量管理，科学化考试管理，教学质量检查，教学工作评价，学科建设，专业建设，课程建设，教材建设，实践教学基地建设，学风建设，教学队伍建设，管理制度建设，教学工作校级领导体制，校、系（院）教学工作委员会，校、系（院）教学管理机构，教研室（学科组）教学基层组织建设，教学管理队伍建设等一系列关涉教学管理工作的重点、难点和细节问题。很多高校随之以《高等学校教学管理要点》为制度依据，结合学校实际情况，制定了校级文件。

1989年8月26日国家教委办公会议通过第一版《普通高等学校学生管理规定》，2005年9月1日以中华人民共和国教育部第21号令颁布重新修订后的《普通高等学校学生管理规定》，此次修订做了较大幅度的改动。该规定从学生的权利与义务、学籍管理、校园秩序与课外活动以及奖励与处分等方面对学生在校期间的学习、生活等做了全面、完整而又原则性的规定，扩大了高校在学生转专业、休学、学生在校学习年限以及毕业、结业、肄业等方面管理学生的权限，同时赋予学生更多的学习权利。时隔近12年，教育部在大量调研和广泛征求意见基础上，重新修订，现在执行的是2017年2月4日中华人民共和国教育部第41号令公布的《普通高等学校学生管理规定》。此次修订一是突出立德树人要求，促进高校加强社会主义核心价值观教育，培养学生社会责任感、创新精神、实践能力和诚信意识；二是为高校深化综合改革提供支持，促进高校建立更加灵活的学习制度，落实高校学生管理的自主权，服务学生创新创业，着力提高培养质量；三是体现以学生为本，强化服务意识，切实尊重和保护学生利益，增补了有关赋予学生利益行为的规范操作，完善了有关学生处分和申诉的程序要求；四是着力推进高校依法治校，进一步规范高校的学籍学历、学业成绩以及奖励处分等管理行为，促进高校依法实施管理。内容涉及学生的权利与义务、学籍管理、校园秩序与课外活动、奖励与处分、学生申诉等诸多方面，此次修订对在校大学生的学习和生活产生了重要影响。

1992 年 6 月 27 日发布并施行的《高等学校实验室工作规程》（中华人民共和国国家教育委员会第 20 号令），内容分总则、任务、建设、体制、管理、人员和附则等几方面，具体规定了实验室作为实验教学或科学研究、生产试验、技术开发的教学或科研实体的性质。如此全面、系统、具体、规范的文件，自然成为各高校实验室工作制度的蓝本，并据此形成各高校更加具体详尽的有关实验教学和实验室管理的一系列制度。

除上述文件以外，教育部还颁布了《中华人民共和国学位条例》，并于 2004 年进行了修正，还颁布了《高等学校培养第二学士学位生的试行办法》（教计字 105 号）、《学校体育条例》（中华人民共和国国家教育委员会第 8 号令，1990 年 3 月 12 日发布）、《教学成果奖励条例》（国务院第 15 号令，1994 年 3 月 14 日发布）、《关于加强高等学校本科教学工作提高教学质量的若干意见》（教高〔2001〕4 号）、《关于做好普通高等学校本科学科专业结构调整工作的若干意见》（教高〔2001〕5 号）、《教育部关于启动高等学校教学质量与教学改革工程精品课程建设工作的通知》（教高〔2003〕1 号）、《国家精品课程建设工作实施办法》（教高厅〔2003〕1 号）、《教育部办公厅关于印发〈国家精品课程建设工作实施办法〉的通知》（教高厅〔2003〕3 号）、《教育部办公厅关于〈国家精品课程建设工作实施办法〉补充规定的通知》（教高厅〔2004〕13 号）、《关于进一步加强高等学校本科教学工作的若干意见》（教高〔2005〕1 号）、《教育部财政部关于实施高等学校本科教学质量与教学改革工程的意见》（教高〔2007〕1 号）以及《教育部关于进一步深化本科教学改革全面提高教学质量的若干意见》（教高〔2007〕2 号）等一系列关涉高校本科教学工作的管理规定。尤其是党的十八大以来，教育部为了推进本科教育教学改革，坚持"以本为本"，推动"四个回归"，更是打出了本科教学改革的组合拳，顺应时代发展颁布了一系列相关的教育教学改革文件，包括《教育部关于加快建设高水平本科教育　全面提高人才培养能力的意见》

（教高〔2018〕2号）、《教育部关于深化本科教育教学改革　全面提高人才培养质量的意见》（教高〔2019〕6号）等系列文件，提出了教育教学的新发展理念，这些都成为高校制定教学管理制度的依据和模板。

三、高校管理工作的定位

高校是重要的育人阵地。任何一种管理服务工作，都具有管理和育人的双重功能。即在具体的业务工作中，既体现着学校的制度规范，又体现着一种办学导向；既体现着一种规制要求，又渗透着一种人文精神。管理工作的目的是确保高校的正常运转和良好发展，更好地育人。高校管理服务部门和工作人员任何时候都要防止单纯的业务思想。

（一）高校管理工作存在的意义

具体来说，高校管理工作有以下几个方面的重要性：

（1）增强教学管理效能。现代化管理手段能提高教学管理效率，优化资源配置，提升教学质量。

（2）适应学生需求。现代学生具有多元化的学习方式和需求，教学管理现代化能更好地满足学生的个性化学习需求。

（3）促进教师专业发展。现代化管理模式可以提供教师专业发展的平台和机会，激发教师创新能力，提高教学质量。

高校管理工作的目的和意义是提供优质教育、保障学生权益、促进科研创新、推动社会服务、维护校园秩序，以实现高校的全面发展和为社会培养优秀人才做出贡献。

（二）高校管理工作功能的两面性

管理服务育人，对学生既是潜移默化的，又是可切身感受的，既可以对学生形成正向导向，也可以对学生形成负面影响。

1. 正面导向

（1）促进高校发展。高校管理工作可以制定和实施发展战略、规划和政策，推动高校的整体发展。通过科学的人才引进、合理的资源配置、有效的财务管理等措施，提升高校的学术水平和影响力。

（2）保障教育质量。高校管理工作能够建立和完善教学保障机制，确保教育质量的稳步提升。包括制定教学规范、培训教师队伍、完善评估体系等，提高课程设置和教学效果，提供良好的学术环境和教育资源。

（3）保障学生权益。高校管理工作要关注学生的权益，为学生提供良好的学习、生活条件。例如，规范学生管理制度、提供优质的校园环境和住宿条件、维护学生的合法权益等，使学生在校期间能够全面成长和发展。

（4）提升科研创新能力。高校管理工作还要推动科研创新，提升学校的科研能力和创新水平。通过建立科研机构、引进优秀人才、提供必要的科研经费和设备等，为教师和学生的科研活动提供支持和保障，促进科研成果的转化和应用。

（5）推动社会服务。高校管理工作还应该积极推动高校的社会服务能力，为社会经济发展做出贡献。高校可以通过与企业、政府等合作开展技术转移、人才培养、社区服务等活动，促进学校与社会的有效对接，实现产学研结合。

（6）维护校园秩序。高校管理工作要维护校园秩序，保持良好的学术环境和社会文明。通过建立健全的规章制度、加强安全管理、推进文明校园建设等，保障师生的学习、工作和生活秩序，创造和谐宜居的校园氛围。

2. 负面影响

（1）管理烦琐和限制创新。高校管理工作可能引入过多的繁文缛节和行政程序，导致管理烦琐。同时，过于严格的管理制度和限制可能抑制教师和学生的创新能力和发展空间。

（2）行政化和官僚主义。高校管理工作存在行政化倾向和官僚主义问题，过度注重手续和规定，忽视灵活性和创新精神。这可能导致决策效率低下、执行力不足，影响高校的活力和竞争力。

（3）不合理的资源分配。高校管理工作中，如果资源分配不公平或不合理，可能导致学校内部的资源浪费和不均衡现象。例如，资源过度集中于某些学科或部门，而忽视其他学科的发展，可能引发不公正和不平衡的问题。

高校的行政管理到底是正向作用大还是负向作用大，关键既在于制度制定导向，也在于制度执行理念，即制度执行中有无人文色彩，有无大局视野，有无关联协动。要充分认识管理服务育人的潜移默化性，这既是管理服务育人的特点，也是管理服务的着眼点。高校管理工作的负面功能并不是必然存在的，可以通过改革和优化管理机制，克服负面影响，使其更加符合高校发展和学术自由的需要。

四、 地方高校优质本科教学管理体系的建设路径

（一）建立现代化治理观念

现代学生具有多元化的学习方式和需求，教学管理现代化能更好地满足学生的个性化学习需求。

1. 尊重科学

尊重教育规律和发展规律，注重以科学的理论和方法指导管理实践。建立多元化的教学评价体系，包括学生评教、同行评教、专家评教等，注重对教师教学质量进行全面、客观、公正的评价，为教师的教学改进和提升提供有效的反馈。

2. 尊重民主

形成良性互动的决策机制，充分调动广大教职员工及学生的积极性和创造性。加强师资队伍建设，现代化管理模式可以为教师的专业发展提供平台和机会，激发教师创新能力，提高教学质量。为教师教育提供培训和专业发

展机会，鼓励教师参与学校建设和教学管理活动，提高教师的教学水平和素质。鼓励学生积极参与教学管理活动，建立学生评教和意见反馈渠道，根据学生的反馈调整教学管理策略。

（二）改革治理结构

优化组织结构，明确管理职责和权限，建立高效的决策机制和沟通协作机制，使教学管理更加科学规范。合理设定治理主体：包括学校领导、教师、学生、校友等。明确治理权责关系：明确各级、各类管理组织的权限和责任，形成有序的决策实施机制。建立参与机制：鼓励和保障教职员工、学生等治理主体的知情权、参与权、表达权和监督权。高校应该注重引入具有专业背景和管理经验的人才，提升管理水平和专业素养。同时，要鼓励多元化的参与，包括教师、学生、校友等各方的参与和反馈，形成共治的格局。通过专业化管理和多元化参与，可以提高决策的科学性和公正性。

（三）构建和谐关系

要强化学校工作人员服务育人意识，构建和谐关系。

1. 沟通协商机制

建立沟通协商机制对于高校的管理过程至关重要，它能够提高管理效率、减少冲突，促进顺畅的工作运转。通过建立沟通平台，共享信息，形成协商决策，增强组织的凝聚力。

2. 利益均衡机制

确保在决策过程中各方面的利益得到充分的保护和合理的协调。建立教学激励机制，鼓励教师探索创新的教学方法，提倡教学成果的转化和分享，促进教学改革和发展。

3. 纠纷解决机制

学校应提前制定明确的纠纷解决政策和相关的程序，设立多个解决纠纷的渠道，如咨询热线、投诉邮箱等，建立公正、公开、公平的纠纷处理机制。

（四）信息化治理

1. 数据驱动决策

通过构建数据仓库、数据分析等手段，实现基于数据分析的决策支持。强化信息化建设，完善教学管理信息平台，推动教学内容数字化，构建在线教学平台，提供学生学习支持和教师管理工具。

2. 利用新技术

运用互联网、大数据、人工智能等技术提高治理效率，可以利用大数据分析和人工智能技术，对学生信息、教学数据、科研项目等进行深度挖掘和分析，帮助学校做出更准确的决策。例如，基于学生成绩和课程数据预测学生完成度，实现个性化教学。

（五）强化风险管控

1. 制定风险预警体系

需要对高校面临的各类风险进行全面梳理和分类，包括财务风险、安全风险、运营风险等。根据各类风险的特点和高校的实际情况，制定相应的风险评估指标，这些指标可以包括财务指标（如收入、支出、资产负债比等）、安全指标（如事故频率、人员受伤率等）、运营指标（如学生满意度、教师离职率等）。对不同类型的风险进行明确的划分，有助于后续制定有针对性的预警指标和措施，科学识别和评估可能出现的风险，提前制定应对策略。

2. 完善内控机制

制定内部控制制度和流程，明确各项制度的内容、执行方式、监督机制等，这包括财务管理制度、采购管理制度、合同管理制度等，以确保高校的运行符合法律法规和内部规章制度。建立内部审计机构或委托专业审计机构进行定期审计，对高校的各项管理活动进行监督和评估，发现问题及时纠正。规范决策过程，避免决策错误或者滥用权力，产生风险。严防因经济利益驱动，擅自制定土政策，侵犯学生利益。对后勤部门直接经办的服务项目，要坚持社会效益和经济效益两者相统一，并以社会效益优先的原则；对外包服务项目要加强监管，尤其是质量安全和价格监管，并预先在外包服务协议中载明，以强化各项服务业务经营者的法规意识，使之既取得合法经营效益，又维护师生的利益，并有效地防范由此可能引发的不稳定因素。

（六）注重文化建设

高校要充分调动各方面的积极性和创造性，注重形成以人为本，追求卓越，注重创新的组织文化。鼓励教师和学生积极向上、诚信守法的行为准则；鼓励学习和创新，提供学术研究和教学创新的平台和机会，倡导持续学习和不断进取的精神；构建和谐的人际关系，加强沟通和协作，营造融洽的工作环境，促进教师和学生之间的交流和合作；通过组织各类文化活动，举办文化讲座和培训等方式，加强对文化建设意义的宣传和教育，提高教师和学生对文化建设的认识和重视；注重培养关爱和奉献的精神，鼓励教职员工乐于助人、服务学生，形成互帮互助、共同成长的良好氛围；建立相应的激励机制，对积极践行文化价值观、取得突出成绩的个人和团队给予表彰和奖励，激发积极性和创造力。

这些步骤构成了一个全面的高校治理体系现代化建设的框架，应根据具体情况进行针对性的实施。

五、 地方高校本科教学管理现代化建设未来发展方向

（一）深入推进信息技术应用

深入推进信息技术应用是本科教学管理现代化建设的重要方向之一。在未来的发展中，可以从以下几个方面来推进信息技术的应用：

1. 教学平台建设

建设统一的综合性教学平台，实现教师和学生之间的在线互动与交流。该平台可以包括在线课堂、学习资源库、作业提交与批改系统等功能，提供全方位的教学支持。

2. 数据分析与挖掘

通过收集与分析学生的学习数据，了解学生的学习状况与需求，为个性化教学提供依据。同时，对教学过程进行数据挖掘，挖掘教学方法的有效性和优化点，为改进教学提供参考。

3. 教学资源开发

积极开发和整合高质量的教学资源，包括教材、课件、多媒体资源等，通过信息技术手段实现资源共享与互联。同时，推动教师进行在线教学资源的开发与更新，提高教学质量和效果。

4. 远程教育与在线学习

借助信息技术，构建远程教育平台，开展在线学习和远程授课。这将能够吸引更多的学生参与学习，提高教学的灵活性和普及性。

总之，深入推进信息技术应用可以提高本科教学管理的效率与质量，促进教育的现代化发展。同时也需要注重信息技术在教学中的合理应用，结合教学实际，不断优化与完善信息技术平台与教学资源，以实现教育教学的全面发展。

（二）加强本科教学管理研究

加强本科教学管理研究是本科教学管理现代化建设未来发展的重要方向之一。通过深入研究本科教学管理，可以不断提升管理水平和教学质量，推动本科教育的持续发展。以下是加强本科教学管理研究的一些具体方向：

1. 教学管理理论研究

深入探索本科教学管理的基本理论，研究教学管理的内在规律和运作机制，为教学管理实践提供理论依据。

2. 教学评价与质量管理研究

开展教学评价与质量管理的研究，构建科学、全面、系统的教学评价指标体系，探索有效的质量管理模式和策略，提高本科教学的质量和效果。

3. 教师发展与培训研究

关注教师发展与培训问题，研究教师培训的内容、方法和机制，提出有效的教师培训方案，促进教师专业素养的提升。

4. 学生发展与辅导研究

关注学生发展与辅导问题，研究学生发展的规律和需求，探索有效的学生辅导策略和方法，全面提升学生的综合素质。

5. 教学管理信息化研究

研究教学管理信息化的理论与方法，推动教学管理信息化的发展，以信息技术支持教学管理决策与操作，提高教学管理的科学性和效率。

加强本科教学管理研究需要建立科研团队，加强学科交流与合作，鼓励创新研究方法与手段，加强实证研究与案例分析，提高研究成果的应用价值，不断提升本科教学管理的水平与品质，促进本科教育的可持续发展。

（三）加强管理人员的素质和能力的培养

提升管理人员的素质和能力是本科教学管理现代化建设未来发展的重要方向之一。管理人员作为教学管理的核心力量，其素质和能力的提升直接影响着教学管理的效果和质量。以下是提升管理人员素质和能力的具体方向：

1. 培养管理人员的专业知识和技能

加强对管理人员的培训和学习，提高其本科教学管理相关的专业知识和技能。培养管理人员具备教育背景、教学理论和教学方法等方面的专业知识，提升其对本科教育的理解和把握能力。

2. 强化管理人员的领导力和决策能力

通过培养管理人员的领导力，提升他们在教学管理中的主导作用。加强决策能力的培养，使管理人员能够做出科学、合理的决策，并能够应对复杂的教学管理问题。

3. 提高管理人员的沟通和协调能力

教学管理涉及多方利益相关者的协同工作，管理人员需要具备良好的沟通和协调能力。培养管理人员的沟通技巧和团队合作能力，使其能够有效地与教师、学生、家长和其他相关人员进行沟通和协调。

4. 培养管理人员的创新意识和能力

面对不断变化的教育环境和需求，管理人员需要具备创新思维和能力。通过培养管理人员的创新意识和能力，鼓励他们积极探索教学管理的新理念、新方法和新模式，推动本科教学管理的创新和发展。

5. 提升管理人员的综合素质和能力

管理人员需要具备广泛的知识和综合素质，如教育学、心理学、社会学等方面的知识。加强管理人员的自我提升，培养他们具备批判性思维、问题解决能力和跨学科的综合素质。

提升管理人员的素质和能力需要从多个方面入手，包括培训、学习、经验积累、交流合作等方式。同时，还需要建立健全的评价机制和激励机制，激发管理人员的积极性和主动性，推动其不断提升自身素质和能力，为本科教学管理现代化建设提供强有力的支持。

（四）加强与社会的合作与交流

加强与社会的合作与交流是本科教学管理现代化建设未来发展的重要方向之一。与社会的合作与交流可以促进本科教学管理的创新与改进，推动教育与社会的良性互动。以下是加强与社会的合作与交流的具体方向：

1. 建立校企合作机制

与企业建立战略合作伙伴关系，开展校企合作项目，共同培养适应社会需求的高素质人才。通过校企合作，学校可以获取实践教学资源和先进的教学管理经验，为学生提供更好的实践机会和就业支持。

2. 加强与行业协会、专业团体的合作

与行业协会、专业团体建立紧密的联系和合作关系，共同探讨本科教学管理的前沿问题和挑战，推动教育教学理念的更新与改进。行业协会和专业团体可以为学校提供专业指导和资源支持，促进教学管理的实践与创新。

3. 开展社会调研与需求分析

加强与社会各界的交流与合作，了解社会对本科教学管理的需求和期望，开展社会调研与需求分析工作。通过与社会的广泛交流，学校可以及时了解教育发展的趋势和需求变化，从而调整本科教学管理的策略和方向。

4. 加强与政府部门的合作

与教育主管部门和地方政府建立紧密的联系和合作关系，共同推动本科教学管理的改革与发展。政府部门可以提供政策支持和资源保障，促进教育教学管理的现代化建设。

5. 推动国际交流与合作

加强与国外高等教育机构的交流与合作，借鉴国外先进的教学管理理念和经验，提升本科教学管理的国际化水平。通过国际交流与合作，学校可以拓宽视野，引进国际先进的教学管理资源和人才，提高本科教学质量和国际竞争力。

加强与社会的合作与交流需要建立开放的合作机制和交流平台，积极主动地与社会各界进行对话和互动。同时，还需要加强管理人员的社会沟通能力和合作技巧，搭建双向沟通的桥梁，促进教学管理与社会需求的有效对接和互动，实现本科教学管理现代化建设的协同发展。

高等学校教学管理体系的建设对于规范教学过程、优化资源配置、提升教学质量、增强教师水平、强化质量监控、保障学生权益及推动教学创新具有重要的意义。以服务师生为中心，形成管理合力。学校要积极建立各管理部门工作协调机制，打通教务管理、学生管理、党务管理、人事管理、生活

服务管理等信息系统，为师生营造快捷方便的学习生活环境；建立健全涵盖学生学习服务、就业服务、心理辅导、生活服务等全方位的服务体系，使学生在学习知识的同时，受到无形的人文教化。通过科学的管理和有效的运作，可以进一步提高高等学校的教学质量和竞争力。

第八章

地方高校教学质量保障体系建设研究

一、建立高校教学质量保障体系的意义

在当今社会，随着科技的快速发展，教育行业的竞争也日益激烈。作为培养社会主义建设者和接班人的重要基地，高校更是承担着重要的使命。因此，高校必须确保教学质量，而建立本科教学质量保障体系则是实现这一目标的重要途径。《中国高等教育质量报告》指出，中国建设高等教育强国，必须把自身质量建设置于世界高等教育改革与发展之中，把握高等教育质量建设前沿方向，加强与发达国家高等教育交流合作，与国际上高等教育强国比肩而行。主动用国际比较的眼光检视中国高等教育发展的成绩和差距，强化高等教育质量危机意识，把提高质量上升到国家战略高度。因此建立高校本科教学质量保障体系具有非常重要的意义，详细如下：

（一）提高教育质量

建立高校本科教学质量保障体系可以有效提高教育质量，通过明确教学目标、制订教学计划和进行课程设计，规范教学管理和教师评估机制，学校可以优化教学资源配置，提升教师教学水平，增强教学内容和方法的科学性和有效性，从而确保学生获得高水平的教育资源和优质的教学服务。通过规范教学管理、完善教学评估和监督机制，可以促进教师教学水平的提高，保证教学内容和方法的科学性和有效性，从而提升教育质量。

（二）保证学生权益

建立高校本科教学质量保障体系能够保证学生的合法权益。通过明确教学过程中的各项规定和标准，确保教学过程的公平、公正和透明，在选拔录取、课程设置、教学管理、评估考核等方面为学生提供公平公正的机会和环境，使学生能够享受到公平的教育资源和待遇；通过规范教学管理和评估机制，保证学生的参与和评价权益；通过完善学风建设和培养规划，提供良好的学习环境和发展机会，从而确保学生能够享受到公平的教育资源和待遇。

（三）推动教育改革和发展

建立高校本科教学质量保障体系是教育改革和发展的重要举措。通过建立健全的教学质量标准和评估机制，可以推动教育教学方式的改革创新，引导高校注重人才培养的质量和能力培养的全面性，推动高等教育向专业化、个性化和国际化方向发展，促进高校教学改革和发展，提高高等教育整体水平。

（四）提升学校声誉和竞争力

建立高校本科教学质量保障体系有助于提升学校的声誉和竞争力。通过认证评估和优质资源的聚集，学校可以提高自身的知名度和影响力，吸引更多优秀的师生资源，提升学校在学科领域的竞争力，在国内外享有更高的声誉。国外许多知名大学都有成熟的教学质量保障体系，通过在国际上认可的教学评估和认证机制，提升了自身的国际声誉和竞争力。建立高校本科教学质量保障体系，可以使我国高等教育更好地融入国际教育体系，提高国内高校的教育国际化水平。

（五）促进产学研结合

建立高校本科教学质量保障体系有助于促进产学研结合。通过与产业界、科研机构等进行深度合作，学校可以提供更加实践导向的教学内容和适应市场需求的课程设置，培养适应社会发展需要的高素质人才，促进科技创新和产业发展。

总而言之，建立高校本科教学质量保障体系对于提高教育质量、保障学生权益、推动教育改革和发展以及增强国际竞争力具有重要意义。这是一个长期的、系统性的工作，需要政府、高校、教师和学生共同努力，同时还需要与社会各界建立良好的合作机制，形成多方参与、协同发力的良好局面，共同创建一个高效、可持续发展的教育生态系统。

二、我国高校本科教学质量保障体系的发展历史

我国高校本科教育教学质量保障体系的发展历程可以追溯到 20 世纪 70 年代。以下是我国高校质量保障体系的主要发展阶段：

（一）摸索阶段（1978~1990 年）

当时没有明确的教育质量评估体系，大部分学校自行制定质量标准和评估方法。这一阶段，从中央到地方，从系统到学校，开始对教学质量保障的必要性有了认知，并在实践中初步探索了教学评估的基本方式。1985 年，国家教委颁布《关于开展高等工程教育评估研究和试点工作的通知》，一些省市开始启动高校办学水平、专业、课程的评估试点工作，一些省份相继成立了专门的教学指导机构。

（二）探索阶段（1990~2008 年）

1990 年，国家教育委员会（后简称"国家教委"）发布《普通高等学校教育评估暂行规定》，就高教评估性质、目的、任务、指导思想、基本形式等做了明确规定，这是中国第一部关于高等教育评估的法规，拉开了国家层面对高等学校教育教学水平进行质量监测的大旗。

从发展过程来看，高等学校本科教学工作评估相继经历了三种形式：合

格评估、优秀评估和随机性水平评估。合格评估开始于1994年，这种评估方式主要用于1976年以后新建的、本科教育历史较短的、基础比较薄弱的学校，目的是使这类学校能够达到国家规定的基本的办学水平和质量标准，并帮助这类学校进一步明确办学指导思想、加强教学基本建设、提高教学管理水平，被评学校由国家教委指定。优秀评估开始于1996年，主要用于100所左右本科教育历史较长、基础较好、工作水平较高的学校，主要目的是促进这类学校深化改革和办出特色，被评学校由国家教委根据学校申请确定。随机性水平评估开始于1999年，主要是针对介于上述两类学校之间的普通院校，被评学校由教育部（1998年，国家教委改名为教育部）随机抽取。这一阶段，全国的本科教育评估机制逐渐成熟，并形成了以质量监测、评估为重点的质量保障体系。

2002年，教育部将合格评估、优秀评估和随机性水平评估三种方案合并为一个方案，即现行的《普通高等学校本科教学工作水平评估方案》。普通高等学校本科教学工作水平评估的结论分为优秀、良好、合格和不合格四种。2003年，教育部在《2003—2007年教育振兴行动计划》中明确提出实行五年一轮的普通高等学校教学工作水平评估制度。2004年，教育部质量教学评估中心正式成立，建立起了五年一轮的评估制度，并于2006年正式启动了工程教育认证工作，合理的本科教育教学外部评价体系逐渐形成和完善。此外，我国高校开始积极参与国际认证，例如AACSB、EQUIS和QS等国际认证机构的认证，提升国际竞争力。水平评估也持续至2008年，共评估了589所高校。

（三）实施阶段（2009年至今）

2009年，"五位一体"评估开始逐步取代水平评估，该阶段我国的本科教学质量保障体系逐渐规范和完善。教育部制定了《普通高等学校本科教学工作合格评估实施办法》，推动了评估体系和方法的创新，并将质量保障工作纳入学校的年度工作计划。

这个阶段的评估主要包括两个类型，一个是合格评估，另一个是审核评估。合格评估主要针对 2000 年以来新批准设立的普通本科院校，于 2011 年正式启动。截至 2018 年，共有 222 所学校参加。合格评估以国家的标准和要求为"基本尺度"，重点对学校基本的办学条件、教学管理和教学质量进行"把关"，引导学校为地方经济社会发展培养应用型人才。审核评估则是针对参加过教学评估并获得通过的普通本科院校，2013 年启动，截至 2018 年，共有 800 余所高校参加。审核评估强调用学校"自己的尺子量自己"，重点审核学校办学定位和人才培养目标与国家和区域经济社会发展需求的适应度、教师和教学资源的保障度、教学和质量保障体系运行的有效度、学生和社会用人单位的满意度。促进高校为国家科技创新和经济升级培养学术型、复合型等多样化人才。

2016 年，教育部发布《中国高等教育质量报告》，这是我国首次发布高等教育质量报告。自 2017 年开始，由教育部教育督导局委托教育部高等教育教学评估中心研制完成每年的《全国普通高校本科教育教学质量报告》，并对外正式发布。该份报告基于高等教育质量监测国家数据平台和全国普通高校本科教学质量年度报告，采用海量数据挖掘、多维案例分析、大规模问卷调查等方法，呈现高校提高本科教育教学质量的新举措、新经验、新成效，为本科教育教学改革提供决策参考，引导高校落实立德树人根本任务，巩固本科人才培养中心地位。

2021 年 1 月 21 日，教育部印发《普通高等学校本科教育教学审核评估实施方案（2021—2025 年）》，启动了新一轮审核评估，这一轮审核评估与以往大不相同，是在中共中央、国务院印发的《深化新时代教育评价改革总体方案》和中共中央办公厅、国务院办公厅《关于深化新时代教育督导体制机制改革的意见》引领下的审核评估，是"五位一体"教学评估制度中院校评估的一种模式。此次评估为适应高等教育多样化发展需求，依据不同层次不同类型高校办学定位、培养目标、教育教学水平和质量保障体系建设情况，实施分类评价、精准评价，强调尊重学校办学自主权，体现学校在人才培养质量中的主体地位。引导和激励高校各展所长、特色发展，旨在推进人才培养多样化。国家不设统一的评估标准，高校"用自己的尺子量自己"，审核结论不分等级，形成写实性审核报告。

三、地方高校本科教学质量保障体系的建设

本科教学质量保障体系的建设是为了严格本科教学管理，加强对本科教学过程的监控，保证教学运行稳定有序进行，推动本科教育教学改革，促进教风学风建设，督促学校进一步巩固人才培养的中心地位和本科教学的基础地位，不断提高人才培养质量。主要分成外部质量保障体系和内部质量保障体系。

（一）外部质量保障体系的建设

高校本科教学质量保障体系的外部质量保障体系是指在高校本科教学质量保障体系之外，由独立的外部机构参与和监督高校的教学质量工作，以保障高等教育质量的体系。常见的形式主要有以下几种：

1. 教育部本科教学审核评估

高等教育评估是我国坚持做了 40 年的一项高等教育质量保障制度，是现代高等教育体系的重要组成部分。本科教学审核评估是指教育部对高等学校本科教育质量进行监督和评估的一项重要工作，其主要目的是通过审核评估，提升我国高等教育的整体质量，推动本科教育的改革与发展。新世纪以来特别是进入新时代，党和国家对全面提高高等教育质量、建设高等教育强国做出战略部署，对高等教育评估比以往任何时候都更加重视。

2002 年教育部颁发的《关于印发〈普通高等学校本科教学工作水平评估方案（试行）〉的通知》（教高司函〔2002〕152 号）则作为第一个综合性的对大学本科教学工作进行管理的规定，对大学本科教学、本科教学管理及本科教学管理制度建设带来了具有革命性的影响。该方案由 7 个一级指标（另有特色项目）、18 个二级指标和 38 个观测点组成。

2004 年下半年始，颁布了新的《普通高等学校本科教学工作水平评估方

案（试行）》（教高司〔2004〕21 号），在 7 个一级指标（另有特色项目）的基础上，二级指标调整为 19 个，观测点调整为 44 个。

2011 年《教育部关于普通高等学校本科教学评估工作的意见》（教高〔2011〕9 号）正式颁布，此次评估提出"以评促建、以评促改、以评促管、评建结合、重在建设"的方针，突出内涵建设，突出特色发展，强化办学合理定位，强化人才培养中心地位，强化质量保障体系建设，不断提高人才培养质量，本次审核评估的核心是对学校人才培养目标与培养效果的实现状况进行评价，注重用自己的尺寸量自己。

2021 年教育部关于印发《普通高等学校本科教育教学　审核评估实施方案（2021—2025 年）》的通知，该方案与之前审核评估方案最大的不同就是注重引导高校找准自身定位，设计了两类指标体系四种方案，创新了评估制度设计。指标体系由定性审核要点和定量审核指标构成。第一类审核评估指标体系包括 4 个一级指标、12 个二级指标和 38 个审核重点；第二类审核评估指标体系包括 7 个一级指标、27 个二级指标和 74 个审核重点。定性指标设置统一必选项、类型必选项、特色可选项、首评限选项，定量指标设置必选项和可选项，高校可以根据本校的大学章程和发展规划，综合考虑自身办学定位、人才培养目标和校内质量保障建设情况进行自主选择。在评估指标中采用"模块化"组合的方式，探索实施评估分类，体现了高校人才培养的共性要求与不同类型高校的个性发展特点。

2. 各类标准化认证工作

目前，我国高校常见的本科专业的各类认证工作有工程教育认证、师范类专业认证、中药学专业认证、中医学专业认证、临床医学专业认证、中西医临床医学专业、药学类专业认证、护理学专业认证、口腔医学类专业认证等。以工程教育认证为例，该认证参考国际标准和行业需求，有助于提高学校和专业的国际竞争力，为学生提供更广阔的发展平台。通过认证机构对工程教育过程、教学质量、师资力量等方面的审核评估，促进高校提升教育教学质量，确保培养出合格的工程技术人才，作为专业建设好坏的通用标准。各种各样专业认证对专业的建设质量有很强的指导性，也为专业的发展提供了方向。

各种本科专业认证的存在意义主要有以下几个方面：

（1）提升教育质量。通过本科专业认证，可以对高校开设的本科专业进行全面评估和审核，从而推动高校提升教育质量。这有助于确保学生接受到符合国家标准和行业需求的高质量教育，提高他们的就业竞争力。

（2）保障学历权威性。本科专业认证是对高校教育水平的权威认可，受过认证的本科专业更容易获得社会认可和信任，提高学位的含金量，为毕业生的就业和职业发展提供保障。

（3）促进专业建设与改革。本科专业认证可以推动高校对专业设置、培养方案、教学资源等进行全面评估和改进。通过认证的反馈意见和建议，高校可以及时调整和优化专业建设，提高专业的适应性和创新性。

（4）保证教学质量一致性。本科专业认证旨在确保不同高校开设的同一专业具有相近水平的教学质量。通过认证的标准化要求，可以减少高校之间的差异，提高同一专业在不同高校的教学质量和规范程度，提升整个教育体系的稳定性和统一性。

（5）增强社会信任度。本科专业认证是高校向社会、学生和家长展示其教育质量的一种方式。经过认证的专业更容易获得社会的信任和认可，吸引更多学生选择报考这些专业，进而促进高校的发展和建设。

总之，各种本科专业认证的存在意义在于推动教育质量的提升，保障学位的权威性，促进专业建设与改革，保证教学质量一致性，增强社会对高校的信任度。这些认证工作有助于提高高等教育的整体水平和国际竞争力，为学生选择合适的专业，为高校提供重要参考。

3. 新设置本科专业评估

对高校开设的本科专业进行评估和认证，确保专业设置符合国家相关政策和标准，能够提供高质量的教育，培养具备专业知识和技能的学生。此项工作由教育部主导，并委托给地方教育行政部门负责具体实施。

评估的过程一般包括以下几个方面：

（1）专业设置的合理性。对专业的设置背景、目标和内容进行审查，确保专业的设置与社会需求相符，并能够满足学生的学习需求。

（2）师资队伍。评估机构会对专业的师资队伍进行评估，包括教师的资历、学术水平和教学能力等方面。师资队伍的素质直接关系到教学质量和专业发展。

（3）教学条件和设施。评估机构会对学校的教学条件和设施进行评估，包括实验室、图书馆、教室等方面。良好的教学条件和设施能够给学生提供优质的学习环境。

（4）教学资源和课程设置。评估机构会审核专业的教学资源和课程设置，包括教材、教学计划、实习和实训等方面。这些资源和设置需要与专业目标相匹配，并能够满足学生的学习需求。

通过评估，可以对新设置的本科专业进行系统评价，了解专业设置的合理性、与社会需求的匹配程度，有利于促进专业建设的科学规划和完善。评估结果可以为学校提供改进建议和指导意见，有助于提升学生的综合素质和专业能力，确保人才培养质量符合社会和行业需求。同时，在评估过程中会关注专业设置是否具有学科交叉融合和创新性特点，有利于培养具有跨学科背景和创新能力的复合型人才，适应未来社会发展的需求。

4. 各类社会机构开展的质量评估

学校往往会委托第三方教育数据咨询和评估机构对学校的教育教学质量进行评估和评价，最常见的就是麦可思公司。通过这些第三方机构的跟踪调查，学校可以对人才培养效果有更加全面的了解。通过对校生开展学生成长评价，了解一至三年级学生学习行为、教学培养、专业认知与职业成熟度、德育能力素养增值情况和在校体验等；通过对应届毕业生培养质量开展评价，对学校各专业毕业生的就业情况和就业质量进行评估，包括就业率、就业岗位匹配度、就业薪酬水平等方面；通过对毕业生进行长期的跟踪调查，定期或不定期地了解毕业生进入职业岗位后对所学专业知识和技能的运用能力、业务适应性、职业道德等综合表现；通过对用人单位跟踪评价，收集用人单位评价意见，具体分析用人单位特征、聘用该校学生的理由及满意度、知识能力素质需求、培养反馈及校企合作情况等。一系列的评价，旨在检验学校教育质量，评估结果作为高校改进教学工作的重要参考。

（二）内部质量保障体系的建设

除了外部的质量保障体系以外，内部质量保障体系的建设则是弥补了外部质量体系不能实时监控、实时反馈的问题。学校内部质量保障体系通常包括以下几个方面：

1. 内部质量管理机构

内部质量管理机构扮演着至关重要的角色。这些机构通常是高校为了确保教育质量而设立的，负责监控、评估和改进教育过程中的各个环节，如教务处、质量监控中心等，负责制定和执行教学质量保障政策，负责收集和分析教学数据，监控教学过程，评估教学效果，以及提供教学质量改进的建议。学术委员会是负责评估高校内部的学术水平和学科设置，会对课程设置、教材选择、教学方法等学术活动进行审查和评估，以确保学术活动的质量和标准。此外，这些委员会还可能参与制定学术政策和标准，以及监督学术道德和学风建设。这些机构的存在通过制定政策、监控过程、评估效果和改进实践等方式，促进高校内部质量的持续提升。

2. 健全教学质量监督过程

学校要通过建立教师培训计划、教育教学指导文件、教学评估制度等，促进教师专业发展和优化课程设计，以确保学生获得高质量的教育和培养。具体来说，需要制定与培养目标相符合的各主要教学环节的教学质量标准和实施方法，加强质量管理，配备高素质的教学管理队伍，建立规范、完备的教学管理制度，提供条件保障，收集质量信息，建立自我评估制度，以及加强信息反馈和改进等。学校要形成完备的教学管理过程监督流程，实时监控教育教学进度，建立定期的教学检查制度、校院两级领导听课制度、学生评教制度、教师评学制度、专家督导制度等全面的评价体系，还要针对本科教学的各个环节，建立课堂教学质量检查、试卷和毕业设计（论文）抽查、实验实践教学质量督查等专项评价系统，打造全方位的质量监控和保障体系。

很多学校还设立了本科教学学生信息员，这些学生可以直接向学校反应教学过程中遇到的各种问题，包括学生对培养计划、课程设置、教学内容、教学方法及手段、教学条件、教学评价、教师队伍等方面的意见和建议，对任课教师的教学态度、教学水平、教学效果的意见和建议，教学过程中的优秀教师典型事迹，学生对教学管理部门的意见和建议，学生上课纪律、出勤、实验、实习、作业、考风考纪等方面的情况，便于校级主管部门更好地了解一线教育教学情况，并针对发现的问题及时提出解决的方案和措施。

3. 学生服务保障

学校提供学生服务体系，包括学生咨询、心理健康支持、实习就业指导、学生社团管理、学生活动组织、学生心理健康教育、学生就业服务等，以满足学生的需求，并确保其全面发展，提高毕业就业竞争力。

四、地方高校本科教学质量保障体系存在的问题

人才培养是一个过程，教学质量提高需要培养过程、效果和反馈等各环节的保障。但很多高校只关注经费投入、教师配比、条件资源环境等建设和生源质量，以及培养结果质量和教学工作质量等，对教与学的过程监控、学生学习成效评价的制度及机制设计缺乏应有关注。

（一）考核评价机制不科学

一些学校的考核评价机制过于注重成绩，忽视了学生的综合素质发展。这种机制容易导致教学目标单一化，影响学生的自主学习和创新能力的培养，主要体现在以下几个方面：

1. 考核内容片面

目前很多本科教学考核评价过于注重知识的记忆和理论的掌握，而忽视了对学生应用能力、创新能力和实践能力的评价。这种片面的考核内容会导

致学生过于关注应试技巧，而忽视了对知识的深入理解和实际运用。

2. 考核方式单一

很多高校在考核评价时，仍然采用传统的笔试方式，缺乏多样化的考核方式。这种单一的考核方式无法全面反映学生的学习情况和能力水平，也无法有效激发学生的学习兴趣和积极性。

3. 考核标准不统一

在一些高校中，同一门课程可能会存在不同的考核标准和要求，这会导致学生在面对不同的考核评价时感到困惑和不公平。同时，由于缺乏统一的考核标准，也使教学质量难以进行有效的比较和评估。

4. 考核结果反馈不及时

部分高校在考核评价后，未能及时将考核结果反馈给学生和教师，这使学生无法及时了解自己的学习情况和不足之处，教师也无法根据考核结果对教学进行及时的调整和改进。

（二）缺乏专业化的管理团队

一些学校在教学管理方面存在缺陷，没有建立起科学、规范的管理机制，无法有效地监督和指导教师的教学工作。缺乏专业化管理团队可能导致质量保障体系的设计不够科学、规范，存在盲点和漏洞，无法有效地提升教育教学质量；缺乏专业人员进行质量评估可能导致评估标准不明确，评估结果不客观，无法真实反映高校的质量状况；没有专业化的管理团队进行数据分析和问题解决，高校很难有效地发现教学中存在的问题并及时改进，影响教学质量的提升；质量保障体系的不完善和评估不准确会直接影响到高校的声誉和竞争力，降低学生、家长和社会对高校的认可度。

（三）对质量保障体系的认识不到位

质量监控不是一个可以立竿见影的工程，很多高校领导和管理者可能将质量保障体系建设置于次要位置，没有将其纳入学校发展战略和重点任务中，缺乏长期的投入和关注。缺乏对质量保障体系重要性的认识会导致高校在监控和评估教学质量方面投入不足，无法及时发现和解决存在的问题；对师生参与质量保障体系建设的重要性认识不足，缺乏建立有效的师生反馈机制，导致无法全面了解教学实践中存在的问题和改进建议；缺乏对重要性的认识导致高校在建设过程中资源投入不足或者投入无效的领域，导致资源浪费和效率低下；还有一些高校可能没有意识到质量保障体系建设是一个持续改进的过程，缺乏持续改进的动力和机制，导致质量无法持续提升。

五、如何在"四新"背景下做好地方高校特色化本科教学质量保障体系的建设

在"四新"背景下，做好完善的教学质量监控体系，对于确保教学质量、提升人才培养水平具有重要意义。以下是几点建议：

（一）明确监控目标

首先，要明确教学质量监控的目标，即确保教学活动与人才培养目标的一致性，提升教学质量和学生学习效果。这要求高校根据"四新"的特点和要求，制定相应的教学质量监控标准和指标。

（二）构建多元化的监控主体

教学质量监控不应仅由教学管理部门负责，而应构建包括学生、教师、教学管理人员、校友及用人单位等在内的多元化监控主体，招聘具备相关背景和经验的专业管理人员，形成专业化的质量保障团队。这样可以更全面地收集教学质量信息，确保监控结果的客观性和公正性。

（三）完善监控内容

教学质量监控的内容应涵盖教学活动的各个环节，包括课堂教学、实践

教学、课程考核、毕业设计等。同时，还应关注学生的学习过程和学习效果，以及教师的教学态度和教学能力。此外，还应将"四新"的理念和要求融入监控内容中，确保教学质量与"四新"的发展需求相适应。

（四）创新监控方法

在教学质量监控过程中，应采用多种方法相结合的方式，如定期检查、专项评估、学生评教、同行评议等。同时，还可以利用信息技术手段，如大数据分析、在线调查等，提高监控的效率和准确性。与国内外高等教育质量保障机构或专家合作，借鉴其成功实践经验，推动高校质量保障体系的建设。

（五）强化反馈与改进机制

教学质量监控的结果应及时反馈给相关单位和个人，以便及时发现问题并进行改进。同时，高校还应建立激励机制，对在教学质量监控中表现优秀的单位和个人给予表彰和奖励，以激发大家参与教学质量提升的积极性。

（六）加强制度建设

为了确保教学质量监控体系的持续运行和不断完善，高校应加强相关制度建设，这包括制定教学质量监控管理办法、明确各监控主体的职责和权限、建立教学质量信息收集和反馈机制等。通过制度建设，可以为教学质量监控提供有力的制度保障。

综上所述，在"四新"背景下做好完善的教学质量监控体系需要从明确监控目标、构建多元化的监控主体、完善监控内容、创新监控方法、强化反馈与改进机制及加强制度建设等方面入手，这将有助于确保教学质量的持续提升和人才培养水平的不断提高。

◆ 参考文献 ◆

［1］马陆亭. 新工科、新医科、新农科、新文科：从教育理念到范式变革［J］. 中国高等教育，2022（12）：9-11.

［2］教育部高等教育司. 中国高等教育的质量革命启动实施"六卓越一拔尖"计划 2.0 有关情况［EB/OL］.［2024-02-26］. 中华人民共和国教育部网站.

［3］潘懋元. 应用型本科院校人才培养的理论与实践研究［M］. 厦门：厦门大学出版社，2011.

［4］邱小捷，张喜梅. 区域经济与地方本科高校专业建设取向研究［J］. 中国成人教育，2008（9）：2-25.

［5］中华人民共和国国务院新闻办公室.《新时代的中国与世界》白皮书［R/OL］.［2023-12-11］. 中华人民共和国国务院新闻办公室网站.

［6］教育部关于深化本科教育教学改革全面提高人才培养质量的意见（教高〔2019〕6号）［EB/OL］.［2024-02-26］. 中华人民共和国教育部网站.

［7］教育部：全面振兴本科教育　三年内打造万门国家一流本科课程［J/OL］.［2020-03-6］. 央广网.

［8］教育部高等教育教学评估中心. 中国高等教育质量报告［M］. 北京：高等教育出版社，2017.

［9］高教质量"国家报告"首次发布［N］. 人民日报，2016-04-08.

［10］吴岩. 高等教育公共治理与"五位一体"评估制度创新［J］. 中国高教研究，2014（12）：14-18.

［11］侍旭. 地方应用型高校在推进中国式现代化中的使命担当［J］. 中国高等教育，2023（11）：24-27.

［12］赵君. 在中国式现代化中地方高校的使命担当［N］. 广西日报，2023-04-27.

[13] 孔晓虹，王益澄. 发挥地方高校在创新型城市建设中的作用及途径探析 [J]. 国家教育行政学院学报，2007（9）：71-74.

[14] 孙希波. 地方高校在区域创新体系建设中的作用与参与机制 [J]. 黑龙江高教研究，2009，27（7）：22-24.

[15] 朱中华. 地方高校发展在全面建设小康社会中的作用：以苏北地方高校为例 [J]. 高教发展与评估，2007，23（3）：17-21，120-121.

[16] 教育部高等教育司. 高水平本科教育的中国方案正在形成 [N]. 光明日报，2019-05-21.

[17] 教育部高等教育司. 拔尖基础学科人才这样炼成 [N]. 人民日报，2022-06-08.

[18] 金观平. 以教育之强夯实国家富强之基 [N]. 经济日报，2023-06-02.

[19] 吴岩. 历史性成就　格局性变化：高等教育十年改革发展成效 [J]. 中国高等教育，2022（11）：8-10.

[20] 吴岩. 中国式现代化与高等教育改革创新发展 [J]. 中国高教研究，2022（11）：21-29.